第三版 理工系学生のための日本語表現法

アウトカム達成のための初年次教育

森下 稔 編集代表
大岡紀理子・谷口利律・鴨川明子 編

東信堂

はじめに——本書の構成

　本書のねらいは、専門課程に進む前段階の理工系学生が、将来、卒業論文を作成し、口頭発表を行う際に必要な日本語表現技術を、15 回程度の授業で効率よく習得することにある。

　第 1 章では、まず、これからのあらゆる学習の基礎として、書き言葉の基礎を学ぶ。「話すように書かない」ことを理解して意図が正しく伝わる文章を書く練習を行い、学士課程の学生にふさわしい文章力の基礎を養う。

　今後、学生のみなさんが幾度となく目にするであろう理工系の論文は、大きく分けて「概要」「導入」「方法」「結果」「考察」という 5 段階で構成されることが多い。本書で学習する論述の方法もこの 5 段階に則っており、第 2 章以下の各章は、それぞれの内容に沿って構成されている。

　第 2 章では、社説などの論説文を題材として、要約の練習を行う。要約の能力は、論文の「概要」および「導入」を書く際に有用である。「概要」は、論文の全体を短い文章でまとめたものである。この概要とともに、論文の内容に関連するいくつかのキーワードがデータベースに登録され、他の研究者が検索する対象となる。他の研究者はこの概要を読んで、論文全体を読むか否か、さらには自分の論文に引用するかどうかを決定する。つまり、その論文の第一印象を決める、非常に重要な部分であると言える。また、「導入」は、研究の背景とその必要性を説く部分である。先行研究では何がどこまで明らかになっており、自らの研究がどのような新しい知見を得るために行われたのかを述べなくてはならない。先行

研究は多岐に渡る場合もあり、そうした膨大な研究の内容を正確かつ手短にまとめる必要がある。

　この「概要」「導入」の執筆には、文章を要約する技術が不可欠であり、これを第2章で学ぶ。

　第3章では、ものごとの手順を正確にわかりやすく説明する練習を行う。理工系論文の「方法」では、実験や調査を、論文を読んだ他の研究者が同じ手順で繰り返すことができるように説明する。同じ手順で同じ結果が得られなければ、せっかくの発見も真理とはみなされない。理工系の論文では、再現性が重視される。説明不足のため再現性が損なわれれば、データ捏造の疑惑を抱かれる可能性すらある。手順を正確にわかりやすく説明することが大切であり、これが第3章のテーマである。

　第4章は、「結果」に関連する。「結果」は、文字通り研究の結果得られたデータを提示する部分である。数字の羅列である生のデータを、読み手に効果的に伝わるように、わかりやすい図や表にまとめ、これを文章で説明する。さらに、データの傾向や重点を的確に述べるのである。このために必要な技術を第4章で学ぶ。

　第5章では、主張する文章の書き方を学習する。理工系論文における「考察」では、データに基づいて結論を導き、さらに、そこから考えうる次の方向性を提案する場合もある。「考察」では、論理的に整合性があり、かつ、データに基づいた説得力のある主張を展開する必要がある。それに耐えうるだけの日本語力を養うため、第5章では主張する文章の書き方を練習する。

　第6章で扱うのは、プレゼンテーションのスキルである。研究の成果は論文という形式のみならず、学会などで口頭発表されることが多い。

大学によっては、卒業研究の単位取得に際し、卒業論文の内容を教員や学生の前で発表することを要件としているところもある。第 6 章では、プレゼンテーション・ソフトの使い方を含め、自身の意図が聞き手に正しく伝わる発表の技術を磨いてもらいたい。

最後の補章では、レポートや論文を執筆する際に必要不可欠である、注と参考文献の作成方法について記載してある。補章を十分に読み込み、論文等に必要な作法を踏まえたうえで、実際の執筆にあたってほしい。

本書は、理工系の学生を対象としており、研究論文の執筆および発表を念頭において作成されたものである。大学卒業後に直面するであろう、敬語の使い方やビジネスメールの書き方といった実用的な日本語表現法は扱っていない。しかしながら、本書で学ぶ日本語表現の基礎および、聞き手の立場に立った口頭発表方法は、卒業後の社会人生活に必要不可欠なものである。それらは、コミュニケーションの基礎的技術であり、実社会において大いに通用する。

本書を手に取った理工系学生には、的確な日本語表現方法を身につけることで自身を思うように表現し、その才能をはばたかせてほしい。本書を通した学習が、その一助となれば幸いである。

2016 年 7 月

編　者

第三版刊行の辞

　本書は、理工系の大学に進学した初年次学生を主たる対象として、将来卒業論文を執筆したり、その内容を発表したり、あるいは社会人として活躍したりするときに備え、日本語表現の技能を高めていくための教材である。

　その内容や構成は、『新版理工系学生のための日本語表現法－学士力の基礎をつくる初年次教育－』が基になっている。今回、第三版への改訂作業に当たっては、東京海洋大学海洋工学部の授業で用いることを念頭に、より理工系らしく、より海洋や船舶の分野らしく、内容を改善していくことにした。特定の大学・学部で用いられている教材を市販化するにあたっては、どこの大学でも活用できるように一般的・普遍的なものに近づけるのが常道と思われる。しかし、出版を引き受けていただいた東信堂社長下田勝司氏の考えは全く違うものであった。東京海洋大学海洋工学部の教科書であることを前面に出すような内容であるべきで、学部の専門的知識に沿ったものにというアドバイスを受けた。初版(2007年)と比べ、新版(2010年)は海洋工学部の個性をより強めたものであったが、各方面にご好評いただき、社長の慧眼を再確認する思いが深まった。そこで、第三版の企画では、海や船にこだわった教材づくりを合い言葉とした。なお、この考え方に基づいて、『体育・スポーツ系学生のための日本語表現法』が、本書第三版と同時刊行となった。

　さて、初年次学生の資質・能力の面に目を転じると、2009年告示の高等学校学習指導要領による教育課程の改善において、各教科等における「言語活動の充実」が図られたことの良い影響が期待されるところである。すなわち、国語科や外国語科のみならず、理科や地理歴史科・公民科、総合的な学習の時間などにおいて、レポートの作成や論述、口頭発表のような知識・技能を活用する学習活動が指導計画に位置づけられ

ることになった。最近では能動的学習(アクティブラーニング)という呼び方も盛んに行われている。こうした教育課程(いわゆる新課程)で高等学校の学習に取り組んだ生徒が、2015年度から大学に入学するようになっている。この「言語活動の充実」が十全な成果を上げているとすれば、初年次教育における日本語表現技能に係る授業科目は、その必要性が検討されなければならないであろう。本書の執筆陣が感じる実態では、学生による習得度の差が拡大している。申し分のない、賞賛に値するようなプレゼンテーションを披露する学生が増えた一方で、文章作成やプレゼンテーションで全く要領を得ない学生も以前と変わらず存在している。学士力を修得させるという達成すべき学習成果(アウトカム)について、すべての学生に保障するために、初年次教育において日本語表現法の授業がこれからも必要とされている。したがって、本書が学生の自学自習を支援できれば、意義深い出版になると考えられる。

　本書が理工系の学生たちの学びを支援し、有為な人材として社会に貢献できる学士力を身につけ、活躍に繋がるよう、編集代表として心から願うものである。

2016年7月

編集代表　森下　稔

目次／第三版　理工系学生のための日本語表現法――アウトカム達成のための初年次教育

はじめに――本書の構成 ……………………………… 編　者　i

第三版刊行の辞……………………………………… 森下　稔　iv

第1章　わかりやすい文を書こう ……… 生天目知美　3
　　　　――非文・悪文・話し言葉をなくす

第2章　要約文を書こう …………………… 古阪　肇　23

第3章　手順の説明文を書こう ………… 大岡紀理子　39

第4章　データの説明文を書こう ………… 森下　稔　51

第5章　主張文を書こう …………………… 谷口　利律　69

第6章　プレゼンテーションをしよう … 久保田英助　81

補　章　文章を書くルールを知ろう……… 鴨川　明子　105
　　　　――引用の方法、注と文献リストの作り方

おわりに………………………………………………編　者　118
　著者略歴 ………………………………………………　126
　ワークシート提出課題 ………………………………　129

イラスト：納富　理恵
　　　　　近藤紀代子

第三版
理工系学生のための日本語表現法
―― アウトカム達成のための初年次教育

第1章　わかりやすい文を書こう
――非文・悪文・話し言葉をなくす

生天目知美

1. 第1章のナビゲーション・マップ

(1) 第1章の目的
　第1章の目的は、わかりやすく、書き手の意図が正しく伝わる文を書く力を習得することである。日本語の表現として正しいか正しくないかということだけに気を配るのではなく、伝えるべき内容が読み手に正しく理解される文を書くことに重点をおいて学習しよう。

(2) 第1章のチャート（概要）
　①なぜわかりやすい文を書く必要が
　　あるのか
　②非文
　③悪文
　④話し言葉から書き言葉へ

(3) 第1章のポイント
　①読み手の立場に立って書く
　②非文・悪文を避ける
　③話し言葉と書き言葉の違いを理解する
　④書き終わったあとに必ず読み直す

2．非文・悪文・話し言葉

(1) なぜわかりやすい文を書く必要があるのか

　言葉は伝達の手段である。伝達には、書き言葉によるものと話し言葉によるものがあるが、書き言葉の場合は、書き手の意図が正確に理解されないことが少なくない。話し手の表情や口調など言葉以外のものを参考にしたり、わからないことを聞き返したりできる話し言葉とは違って、書き言葉では書かれたものだけを通して書き手の意図を理解しなければならないからである。また、読み手は自分が持っている知識や情報をもとにして文を読むが、知識や情報は人によって異なるため、書き手の意図と読み手の理解にずれが生じることもある。労力を費やして書いた文章の内容が誤って伝わってしまうことを避けるためにも、読み手にとって読みやすく、理解しやすい文を書くことが重要である。

　では、読み手に意図が正確に伝わるような、読みやすく、理解しやすい文を書くにはどうすればよいだろうか。留意点は大きく分けて2つある。まず、読み手の立場に立って文章全体で使う言葉・用語や組み立てを選ぶということである。具体的には、読み手はどのような人であり、伝えようとしている知識や情報に関して、何を、どの程度知っているかを考えて、文を書くことだ。どの言葉を用いて、どのように書けばわかりやすい文になるか、難易度の高い専門用語が多く使われていないかを考えながら書こう。さらに、数ある情報の中から必要な情報を精選し、伝えるべき内容を明確にしよう。文や文章の中の情報が多すぎると、焦点がぼやけ、伝えたいことが不明瞭になるからである。また、情報が効果的に伝わるように、情報を順序よく組み立てることも大切である。こうした読み手の立場に立った文章の書き方は、第2章以降で詳しく学習する。

　もう一つの留意点は文自体を読み手に誤解なく伝わるようにするとい

うことである。具体的には、主語と述語がねじれていないか、助詞は正しく使われているか、修飾語と被修飾語の関係は明確かといった文の正確さに注意しながら文を書くことである。曖昧な表現を用いていないか、複数の解釈ができる文はないかなどにも注意しよう。また、文章の内容に対して適切な文体を選ぶことも大切である。あらたまった硬い文体が求められる論文やレポートの中に、くだけた軟らかい話し言葉が混じっていないか注意しよう。本章では、すべての文章の基礎となるこうした文の正確さ・適切さを学習する。

　よい文章を書くためには、上記の留意点を守るだけではなく、文を書き終わったあとに必ず読み返す習慣をぜひつけてほしい。誤字・脱字はないか、主語と述語が対応しているか、不適切な表現はないかを確かめるとともに、もっとわかりやすい表現や語順はないかなど、書いたものを十分に推敲することが重要である。本章での学習を通じて、推敲する力を磨くようにしよう。

　以下では、読み手に誤解なく伝える文を書くために、非文、悪文、話し言葉の3つを取り上げ、わかりにくい文とはどういうものかを説明し、よりよい文に修正するためのコツを示す。以下で示される例文は、わかりにくい文の例である。書き手の意図を正確に伝えるにはどのように修正したらよいか、さらにわかりやすい文にするにはどうすればよいかを考えよう。なお、修正の方法は一通りではないことがほとんどである。示されている修正例はあくまでも一例であることに留意してほしい。

(2) 非　文

　非文とは字の通り、「文として成立していない文」を指す。主語と述語の関係がねじれている文や、誤字や脱字が含まれた文は非文にあたる。以下では、例文を見ながら、なぜ非文であるか、どのように修正したらよいかを考えてみよう。

① 主語・述語の対応関係

【例文１：主語・述語の対応関係】
私の将来の夢は、造船会社に入社して大型船の建造に携わりたい。
修正例１
私の将来の夢は、造船会社に入社して大型船の建造に携わることである。
修正例２
私は、将来、造船会社に入社して大型船の建造に携わりたい。

【例文２：主語と述語の対応関係】
私が大学の４年間で最も印象に残っているのは、海洋実習に参加して船の上で仲間たちと１ヶ月間過ごしたことである。
修正例１
私にとって、大学の４年間で最も印象に残っているのは、海洋実習に参加して船の上で仲間たちと１ヶ月間過ごしたことである。
修正例２
海洋実習に参加して船の上で仲間たちと一ヶ月過ごしたことが、大学の４年間で最も印象に残っている。

　【例文１】は、「私の将来の夢は」という主語に対して「携わりたい」という述語になっている。主語と述語が対応していないため、文として成立していない文である。修正例のように、「私の将来の夢は～に携わることである。」とするか、「私は将来～に携わりたい。」と修正するのがよいだろう。【例文２】にも、「私が印象に残っている」という主語と述語が対応していない部分がある。「私にとって」などと書き換えるのも一案である。

② 受動・使役

【例文３：受動】
このビルには、各階にスプリンクラーが設置している。
修正例
このビルには、各階にスプリンクラーが設置されている。

【例文４：使役】
この新しい仕組みを開発する目的は、海中ロボットに長時間探索活動をすることである。
修正例
この新しい仕組みを開発する目的は、海中ロボットに長時間探索活動をさせることである。

　【例文３】と【例文４】も、主語と述語の対応に関連する問題である。【例文３】は、スプリンクラーが何かを設置しているのではないから、スプリンクラーを主語にするならば、「スプリンクラーが設置されている」と受動表現にする必要がある。【例文４】は、探索活動をするのは海中ロボットであるが、この文の主語は「（人間が新しい仕組みを）開発する目的は」であるから「海中ロボットに探索活動をさせる」と使役にする必要がある。

③ 助詞の使い方

【例文５：助詞の使い方】
今回の会議では、温暖化を抑制するための目標を達成することを目指して、国際的に協力して取り組むことが確認された。
修正例
今回の会議では、温暖化抑制に向けた目標を達成するために、国際的に協力して取り組むことが確認された。

レポートなどでは、助詞（「て、に、を、は、が」など）が適切に使われていない文が多い。たとえば、一つの文の中で同じ助詞をくり返し使用する例が見られる。【例文5】では、一つの文で「を」がくり返し使用されているため読みにくい。同じ助詞を繰り返し使用していることに気付いたら、「温暖化を抑制するための目標」を「温暖化抑制に向けた目標」のように表現方法を変えてみよう。

④ 誤字・脱字・送りがなの誤り

どんなに労力を費やして立派な内容に仕上げても、誤字や脱字、送りがなの誤りがあると、論文やレポートに取り組む際の態度に問題があると見なされ、評価が下がってしまう場合がある。漢字や表現はこまめに辞書で確認するようにしよう。また、パソコンを用いて文を作成する場合は、変換ミスや打ち間違いに気をつけよう。

【例文6：誤字】
国際化社会に対応するためには、新たな知識の習得が不可決だ。
修正例
国際化社会に対応するためには、新たな知識の習得が不可欠だ。

【例文7：脱字】
海の環境が破壊されると、生物の多様性を維持するのは不可能でる。
修正例
海の環境が破壊されると、生物の多様性を維持するのは不可能である。

【例文8：送りがなの誤り】
わが国では、予測を上回わる勢いで高齢化が進行している。
修正例
わが国では、予測を上回る勢いで高齢化が進行している。

【例文9：変換ミス】
レポートのテーマは「オリンピックの経済は急降下」である。
修正例
レポートのテーマは「オリンピックの経済波及効果」である。

【類題】次の文を修正して、わかりやすい文に書きかえなさい。なお、修正すべき箇所は、一問につき一か所とは限らない。
［1］私がこの授業で最も興味深かったことは、船の自動操縦に関する技術だ。
［2］このサービスを使えば、注文した荷物が翌日には自宅に届ける。
［3］航海士には状況に応じた適格な判断を求められる。
［4］蒸気やガスなどがタービンを高速回転することで動力が得れる。
［5］国際粉争の平和的解決に向けた新たな条約が採択した。
［6］この本を読み終えた時に、少し価値感が変わったのを感じた。
［7］試験監督者の指示や警告に著く反する行為は不正行為とみなさる。

(3) 悪　文
　悪文とは、「意味が曖昧な文」「読みにくい文」「まわりくどい文」などである。どのような理由で悪文になってしまうのだろうか。意味が曖昧な文は主語と述語、修飾語と被修飾語が離れすぎていること、読みにくい文は一つの文が長すぎたり、句読点が適切に打たれていないことが主な理由として考えられる。以下では、悪文を書かないようにするにはどのような点に気をつけたらよいかを考えてみよう。

① 語の適切な位置
　悪文の中には、主語と述語、修飾語と被修飾語の位置を近づけることにより、意味の曖昧さが解消されるものがある。次の例文を見てみよう。

> 【例文１：主語の位置】
> 警察が、高齢者がこれまでとは異なる巧妙な手口を用いた振り込め詐欺の被害に遭う事件が急増しているため、新たな対策を検討している。
> **修正例**
> 高齢者がこれまでとは異なる巧妙な手口を用いた振り込め詐欺の被害に遭う事件が急増しているため、警察が新たな対策を検討している。

> 【例文２：修飾語の位置】
> 海洋の周辺には水分や塩分など、多くの金属を腐食・疲労させる要因がある。
> **修正例**
> 海洋の周辺には水分や塩分など、金属を腐食・疲労させる多くの要因がある。

　【例文１】では、主語が「警察が」と「高齢者が」の二つ続いており、それぞれの主語に対応する述語が分かりにくくなっている。冒頭の主語である「警察が」は対応する述語である「検討している」と離れすぎているため、近くに置く方が読みやすい。また【例文２】では、修飾語の「多くの」の位置を被修飾語である「要因」の近くに変更することによってわかりやすい文になる。

　② 多義文（複数の意味にとれる文）
　修飾・被修飾の関係が曖昧だと文の意味が複数に取れ、情報が間違って伝わるおそれがある。意味の区切りを読点で明確にしたり、修飾語と被修飾語の位置を近づけたりして、読む人が複数の解釈をしないように工夫しよう。

> **【例文3:多義文・修飾関係が曖昧な文】**
> 教員は何も言わずに教室から出て行った学生の後を追った。
> **修正例1** 「何も言わずに」が「出て行く」を修飾しているなら
> →教員は教室から何も言わずに出て行った学生の後を追った。
> →教員は、何も言わずに教室から出て行った学生の後を追った。
> **修正例2** 「何も言わずに」が「後を追った」を修飾しているなら
> →教室から出て行った学生の後を、教員は何も言わずに追った。
> →教員は何も言わずに、教室から出て行った学生の後を追った。

③ 指示語の使用

> **【例文4:曖昧な指示語】**
> 授業の目標は、自然界における海と生命の関わりについて考え、それが生命にどのように作用しているかを理解するとともに、その重要性を認識することである。
> **修正例**
> 授業の目標は、自然界における海と生命の関わりについて考え、海が生命にどのように作用しているかを理解するとともに、海の重要性を認識することである。

　【例文4】は、曖昧な指示語を使用した文例である。指示語は不要な繰り返しを避ける効果があるが、指示語が指す名詞の候補が複数あると読む人によって複数の解釈が可能になるため、文が曖昧になってしまう。この文では、「それ」「その」が指している名詞の候補が複数あり、わかりにくい。修正例のように、「海が」「海の」と具体的に書く方がわかりやすい。

　④ 文の適切な長さと句読点の打ち方

一つの文が長すぎると、よほど文の構成が明瞭でない限り、文の意味が正しく伝わりにくくなる。述語が３つ以上になると、読む人が理解する上で負担を強いることになり、主語と述語の関係や修飾・被修飾の関係が曖昧になる傾向があると言われている。さらに、書いている本人も、どう書き始めたのかが途中でわからなくなり、その結果、自分の伝えようとしている内容とは違うことを書いてしまうことがある。たとえば、次の文はどのように修正すると良いであろうか。

【例文５：長すぎる文】
歩きたばこは、子どもをはじめとする歩行者に、やけどなどの危害を与える恐れがあり、吸い殻のポイ捨てにもつながるため、市では道路や公園、広場、河川など、公共の場所での歩きたばこを禁止することにし、市内で歩きたばこを目にすることはほとんどなくなった。

修正例
歩きたばこは、子どもをはじめとする歩行者に、やけどなどの危害を与える恐れがある。また、吸い殻のポイ捨てにもつながる。そこで、市では道路や公園、広場、河川など、公共の場所での歩きたばこを禁止することにした。その結果、市内で歩きたばこを目にすることはほとんどなくなった。

　【例文５】は、文が長すぎるために論理関係がすぐには理解しにくく、読みにくいと感じるだろう。この場合、読み手が理解しやすいように全体をいくつかの文に分け、論理関係が明確になるような接続詞を補うとよい。修正例は、歩きたばこの弊害、弊害に対する市の対策、対策の結果という３つの内容とその論理関係が一読して分かる。

　また、文を適切な長さに保つためには、句読点（句点は「。」、読点は「、」）を打つ位置も重要である。以下の例文では句読点の打ち方について検討してみよう。

【例文6:句読点の打ち方】
延長戦の前半終了直前に、相手チームに点を奪われ、延長戦前半が終わり、延長戦後半の終了間際に、同点に追いつき、勝負はPK戦になり、わがチームのキーパーも頑張ったが、最終的には相手チームが勝利した。

修正例

延長戦の前半終了直前に相手チームに点を奪われ、延長戦前半が終わった。延長戦後半では、終了間際に同点に追いつき、勝負はPK戦へともつれこんだ。PK戦ではわがチームのキーパーも頑張ったが、最終的には相手チームが勝利した。

【例文7:句読点の打ち方】
2007年4月27日に公布された海洋基本法では海洋の開発利用保全等を担う産業が我が国の経済社会の健全な発展及び国民生活の安定向上の基盤であるとともに効率的かつ安定的な海上輸送の確保を図るため日本船舶の確保、船員の育成及び確保、国際海上輸送網の拠点となる港湾の整備などを国の責務として定めていることから、同法がめざす新たな海洋立国日本の実現に向けて私たち東京海洋大学の学生に対する期待も大きい。

修正例

2007年4月27日に公布された海洋基本法では、海洋の開発、利用、保全等を担う産業が、我が国の経済社会の健全な発展及び国民生活の安定向上の基盤であるとされている。また、効率的かつ安定的な海上輸送の確保を図るため、日本船舶の確保、船員の育成及び確保、国際海上輸送網の拠点となる港湾の整備などを国の責務として定めている。したがって、同法がめざす新たな海洋立国日本の実現に向けて、私たち東京海洋大学の学生に対する期待も大きい。

【例文6】は、読点を小さな意味のまとまりで頻繁に使用し、読点のみで文をつなげているため、読みづらく全体の意味もわかりにくい。読点は意味のまとまったところで使用し、一文に盛り込む内容を精選して、句点で区切ろう。また、【例文7】の読みづらさは、句点も読点もほとんどないことに起因している。句読点は、多すぎても少なすぎても読みづらいということがわかるだろう。句読点、特に、読点の打ち方には絶対的な決まりはないが、読み手が理解しやすいこと、また、意図が正しく伝わることを念頭において句読点を打つようにしよう。

【類題】次の文を修正して、わかりやすい文に書きかえなさい。
［1］日本政府は、今回の地震では多くの子どもたちが家族を失い、その中には心のケアを必要としている者も少なくないため、医師や看護師とともに心理カウンセラーを現地に派遣した。
［2］船から救助にやってきたタグボートを見てほっとした。
［3］海が青く見えるのは太陽の光によるものである。それには七色があるが、その光はそれぞれ海水の中で届く距離が違い、青色の光だけがその中で百メートル以上届く。それゆえ、それが青く見えるのだ。
［4］ストレージというパソコン用語があって、これはコンピュータ内でデータやプログラムを記憶する装置のことであるが、つい10年ほど前まではフロッピーディスクが主流であったのが、フロッピーディスクの容量が小さく大きなサイズのファイルを保存できなくなったという背景があって、今や何百倍、何千倍もの大容量のストレージが使われるようになったことを考えると、IT技術の革新のめざましさに驚かされる。

(4) 話し言葉から書き言葉へ

① 話し言葉

　レポートの中には、内容としては十分なレベルに達しているにもかかわらず、文章全体に日常会話やメールで使う話し言葉の表現が混じっているものがある。レポートや論文ではあらたまった硬い書き言葉で書くことが原則であり、くだけた話し言葉の使用は避けなければならない。ここでは下記の例文を読んで、話し言葉と書き言葉の違いに気づくトレーニングをしてみよう。

【例文１：話し言葉】
大規模災害の時に物資が届かなくなるのは大変だから、災害に対する準備と対応が可能な物流の仕組み作りがやっぱし大事なんじゃないかと思う。

修正例
大規模災害の時に物資が届かなくなるのは大変であるため、災害に対する準備と対応が可能な物流の仕組み作りがやはり大切なのではないだろうか。

【例文２：話し言葉】
人工衛星を用いた測位システムの技術は、カーナビとかに利用されている。

修正例
人工衛星を用いた測位システムの技術は、カーナビなどに利用されている。

【例文３：話し言葉】
浦賀水道航路は東京湾の出入り口みたいな航路で、毎日500隻くらいの船が航行する。なので、船舶航行の安全を確保するための特別なルールが定められている。

> **修正例**
> 浦賀水道航路は東京湾の出入り口にあたる航路で、毎日 500 隻ほどの船が航行する。そのため、船舶航行の安全を確保するための特別なルールが定められている。

　②「ら抜き言葉」

　文を書く際には、ら抜き言葉にも注意を払いたい。「見れる」「来れる」「食べれる」などの「ら抜き言葉」は日常の話し言葉では広く使われているため、文を書く時に自分でも気づかぬうちに使ってしまうことがある。書き言葉では「ら抜き言葉」を用いないように気を配ろう。

> **【例文4：ら抜き言葉】**
> 日本でも、波照間島に行くと、南十字星が見れる。
> **修正例**
> 日本でも、波照間島に行くと、南十字星が見られる。

　③「だ・である」体への統一

　一つの文章や一つの文の中で、「です・ます」体と「だ・である」体が混在している例を見ることがある。論文やレポートでは「だ・である」体で統一して書くのが一般的である。早いうちから「だ・である」体で文を書く訓練をしておこう。

> **【例文5：「だ・である」体への統一】**
> 図1のグラフからも明らかであるが、一次エネルギー供給において原子力の占める割合が年々高くなっています。
> **修正例**
> 図1のグラフからも明らかであるが、一次エネルギー供給において原子力の占める割合が年々高くなっている。

【類題】次の文に含まれる話し言葉を、書き言葉に書きかえなさい。
［１］私的には、やっぱりロボット工学が何気に面白い。
［２］地球の７割を占める海洋にはいろんな生物が共存してるから、多様性を守ってかないといけない。
［３］東京湾海上センターに設置されているライブカメラで、東京湾を航行する船の画像が見れるみたいだ。
［４］この学科では、物資や情報の流れなんかをコントロールするロジスティクスについて幅広い知識を得ることができる。ロジスティクスは、私たちの生活に密接に関わる重要な学問のひとつです。

3．練習問題

次の文を修正しなさい。

〈非　文〉
1．明治丸は越中島キャンパスに保存している。
2．このグラフは、平成27年度の電気通信事業の売上高推移が示している。
3．私は海洋実習で仲間と助け合うことの大切さが学んだことがよかった。

〈悪　文〉
4．私は卒業後の進路について相談するために帰省中の友人に電話をかけた。
5．船舶の事故は船舶の欠陥や運用管理の不備が原因になるだけでなく船員が操縦をミスしたり見張り不十分だったりするために起こる場合もある。近年はこのことによって事故が起こることが多くそれ

を防ぐ対策が課題になっている。
6. 今年の夏、私は学生のためのニューヨークで開催した海洋学フォーラムに参加したが、参加者は世界各国から来ていたが、日本人はわずかだったため初日は非常に不安だったが、いろいろな人が話しかけてくれたので、次第に不安がなくなり、プログラムにも積極的に参加することができた。私がフォーラムに参加して最もよかったことは、滞在期間中に多くの友人ができたことです。

〈話し言葉〉
7. 今回の選挙の行方には注目してる。なので、投票には行くつもりです。
8. この急速充電型電池推進船はすごく短い時間で充電できるし、排気ガスとか二酸化炭素を出さないで航行することができるという特徴がある。
9. ビッグデータっていうのは単にいろんなところからいっぱい集めたデータのことじゃない。

〈総合問題〉
10. 現代のグローバル社会では、世界中の地域が互いに影響を与え合い、経済とか政治、環境、エネルギー、食料、教育みたいなたくさんの分野において、従来はなかった新たな問題を生み出されている。それに、これまで接触がなかった多様な国とか文化的背景を持つ人々と集団を形成し、社会活動を行う機会もどんどん増えている。こんな時代に私たちはどんな能力を持つべきでしょうか。もちろん外国語能力は必要だけど、もっと必要なのは、多様な考えを持つ人々と共に柔軟に問題を解決していくための異文化対応能力とかコミュニケーション能力が必要なのです。

修正例

〈非文〉
1. 明治丸は越中島キャンパスに保存されている。
2. このグラフは、平成27年度の電気通信事業の売上高推移を示している。
3. 私にとって良かったのは、海洋実習で仲間と助け合うことの大切さを学んだことである。

〈悪文〉
4. 卒業後の進路について相談するために、私は帰省中の友人に電話をかけた。(私は、卒業後の進路について相談するために帰省中の友人に、電話をかけた。)
5. 船舶の事故は、船舶の欠陥や運用管理の不備が原因になるだけでなく、船員が操縦をミスしたり、見張り不十分だったりするために起こる場合もある。近年は、船員のミスによって事故が起こることが多いため、人的ミスによる事故を防ぐ対策が課題になっている。
6. 今年の夏、私はニューヨークで開催された学生のための海洋学フォーラムに参加した。参加者は世界各国から来ていたが、日本人はわずかだったため、初日は非常に不安だった。しかし、いろいろな人が話しかけてくれたので、次第に不安がなくなり、プログラムにも積極的に参加することができた。フォーラムに参加して最もよかったことは、滞在期間中に多くの友人ができたことである。

〈話し言葉〉
7. 今回の選挙の行方には注目している。そのため、投票には行くつもりである。
8. この急速充電型電池推進船は非常に短い時間で充電でき、かつ排気ガスや二酸化炭素を出さずに航行することもできるという特徴がある。
9. ビッグデータとは単に様々な出所から大量に収集したデータのこと

ではない。
〈総合問題〉
10. 現代のグローバル社会では、世界中の地域が互いに影響を与え合い、経済や政治、環境、エネルギー、食料、教育など多くの分野において、従来はなかった新たな問題が生み出されている。また、これまで接触がなかった多様な国や文化的背景を持つ人々と集団を形成し、社会活動を行う機会もますます増えている。このような時代に私たちはどのような能力を持つべきだろうか。もちろん外国語能力は必要だが、さらに必要なのは、多様な考えを持つ人々と共に柔軟に問題を解決していくための異文化対応能力やコミュニケーション能力なのである。

4．提出課題

ポイントをふまえて、配付される課題に取り組んでみよう。

5．第1章のポイントの復習

① 読み手の立場に立って書く
② 非文・悪文を避ける
③ 話し言葉と書き言葉の違いを理解する
④ 書き終わったあとに必ず読み直す

引用参考文献

石黒圭(2005)『よくわかる文章表現の技術Ⅲ 文法編』明治書院。
石黒圭(2009)『よくわかる文章表現の技術Ⅰ 表現・表記編[新版]』明治書院。
中村明(1995)『悪文―裏返し文章読本』筑摩書房。
野内良三(2010)『日本語作文術―伝わる文章を書くために』中央公論新社。
速水博司(2002)『大学生のための文章表現入門―正しく構成し、明快に伝える手順と技術』蒼丘書林。
速水博司(2003)『大学生のための文章表現入門【演習編】』蒼丘書林。
町田健(2006)『「町田式」正しい文章の書き方―言いたいことが正確に伝わる!』PHP研究所。

第2章　要約文を書こう

古阪　肇

1．第2章のナビゲーション・マップ

(1) 第2章の目的
　第2章では、論文の導入・概要執筆の際に必要な、文章の要約のコツを学ぶ。他人の文章の内容をみずからの言葉でわかりやすくまとめる技術は、一般教養科目のレポートを作成する場合にも役立つだろう。

(2) 第2章のチャート（概要）
　① 要約とその必要性
　② 要約と引用
　③ 要点を見つける
　④ 要約のコツ
　⑤ 要約の注意事項

(3) 第2章のポイント
　① 剽窃は違法行為という点を肝に銘じて
　② 引用部は括弧に入れ、出典を示す
　③ データには出典を
　④ 要約は原文に忠実に、要点を自分の言葉で
　⑤ 要約には「段落方式」と「キーワード方式」がある
　⑥ 非文・悪文に注意し、見直しをしっかりと

2．なぜ、要約が必要か？

(1) 要約とその必要性

　要約とは、文章の要点を短くまとめる作業である。また、短くまとめられた文章のことでもある。書き手が言いたいことを、自分の言葉で捉え直す作業と言ってもよいだろう。したがって要約の対象となるのは、通常何らかの主張を含んだ文章である。では理工系の学生にとって、文章を要約する力が問われるのは、どのような場合だろうか。理工系の論文は、多くの場合、導入 (Introduction)・方法 (Method)・結果 (Results)・考察 (Discussion) の4部からなり、その最初に、全体を短くまとめた概要 (Abstract) が掲載される。この中で要約の力がもっとも重要になるのは、論文の導入である。なぜなら、みずからの研究テーマに関し、誰がどの研究で何をどれだけ解明したかを簡潔にまとめる必要があるからである。さらに概要とは、換言するとみずからの論文の要約である。同じ分野の研究者がまず目を通して、論文の全体像をつかめるように書く必要がある。概要には多くの場合に字数制限があるため、論文執筆において最大の難所となる場合もあることを覚えておこう。

　レポートを書く場合にも、要約力は必須である。理工系の大学生といっても、一般教養では文科系の科目を履修する必要がある。このような科目の場合、課題として与えられた専門書や論文の内容をまとめ、これに対する自分の考えを述べるという形式のレポート提出を求められることが多い。

　大学初年次学生を対象とする本書では、専門の内容に踏み込んで、学術論文の要約や概要を書く練習はできない。第2章では、まず新聞の社説などの論説文を題材として、筆者の言いたいことを要約する練習を行う。ただし、その前に要約と引用について確認しておく（著作権の考え方、引用の方法、参考文献リストの書き方については、補章参照）。

(2) 要約と引用

　要約する際、原文からいくつかの部分をそのまま写し取って並べたらどうであろうか。そのような行為は、一般に直接引用と呼ばれ、「……」のように括弧でくくって引用の範囲を明確にし、出所を明示する必要がある。もし、他人の著作物の一部または全部をそのまま写し取り、みずからの主張・発見であるかのように使用した場合は、剽窃と呼ばれ、著作権を侵害する違法行為となる。たとえ授業のレポートであっても、許容されるものではないため、十分に注意する必要がある。

　上に述べたように、要約とは、文章の要点を自分の言葉で短くまとめることである。自分自身で書いた文章の概要を示す場合には、元の文章のテーマと結論(主張)が短い文章で表現されなければならない。また、他人が書いた文章の内容を要約する場合には、参照した論文・著書の内容をどのように理解したかが表現されなければならない。原文の趣旨に忠実に、かつ、自分らしく表現するのである。他人の文章をそのまま写し取ったものは、要約とは言えない。直接引用は、原著者の表現に手を加えずに、その意図を正確に伝える必要がある場合、あるいは一般には定着していない新たな概念や定義を示す場合に限られると理解しておこう。

(3) データやグラフの引用

　理工系の場合、他の機関や研究者が計測・集計したデータや、統計的な数値データを活用することがよくある。そのとき、元となるデータについてはそのまま用いられなければならい。たしかに、目的に応じて集計し直して加工することはある。しかし、その場合でも元データを改ざんしてはならない。

　では、たとえば政府機関がインターネットを通じて発表している日本の人口動態の変化を示した表から、1960年の人口と2015年の人口の数

値を読み取り、レポートに「日本の人口は1960年のX人から2015年のY人へと、ほぼZ倍になった」と記述しても大丈夫だろうか。このようなデータや統計値を扱う場合は、引用符に入れる必要はなくとも、出典を示すことが慣例となっている。出典を示す必要があるのは、読者が出典をみて、データ収集がどのように行われたか、みずから確認できるようにするためである。

では、他の論文や専門書、ウェブページなどに掲載された図を、出典を示しただけでコピーして出版しても許されるだろうか。これは通常認められない。見やすい図をつくるためには手間がかかるうえ、その元となったデータの収集には、多額のコストがかかっている場合も多い。したがってこのような場合は、著作権者に了解をとる必要がある。

授業でのパワーポイントによる発表やレポートに、図表やグラフをそのままコピーして使う場合はどうであろうか。この場合、著作権法のガイドラインによって、教育目的使用は例外的に認められており、出典を明確にしておけば特に問題ない。しかし出典を示さず、あたかも自分が作成したかのように見せかけることは、許容範囲を大きく逸脱していると再認識しておく必要がある。

(4) 要点をみつける

要約とは、要点を自分の言葉で短くまとめることともいえる。したがって、まずは文章の要点をみつける作業が要約の第一段階となる。そこで、要点の見つけ方を考えてみたい。

まず、下の文章例を読んで、次にその要約例を読んでもらいたい。

【文章例】
国際航海で活躍する船舶の海上での通信には、インマルサットという静止衛星を通じた電話やインターネットのサービスが用いられている。しかし、高速・大容量化した陸上のブロードバンド通信と比較すると、

通信速度はせいぜい数百 kbps と極めて遅く、海上では非常に限られた情報しか扱えない。

> **要約例①**
> 海上のインマルサットは陸上のブロードバンドより通信速度が遅い。
> **要約例②**
> 海上での通信は、通信速度が極めて遅く、扱える情報に限りがある。
> **要約例③**
> 陸上での通信は、高速・大容量化を実現している。
> **要約例④**
> 海上では、数百 kbps の通信速度であれば十分である。

　あなたは、要約例①〜④のうち、どれが文章例の要点をもっともよく表していると判断するだろうか。この文章自体には、明確な主張は含まれていない。そこで、表れていない主張を見通しながら、枝葉となる部分を削ぎ落とすことになる。この文章は、2つの文から構成されている。いずれの文でも、海上での通信がテーマとなっている。陸上での通信についても述べられてはいるが、海上での通信との対比であって要点ではない。また、「インマルサット」「ブロードバンド」という専門用語が使われていることも特徴である。こうした専門用語には一般読者を想定しての説明が必要であり、要約に含めると長くなってしまう。したがって、要約には専門用語を含めない方がよい。さらに、数百 kbps という通信速度の具体的なデータが示されているが、これも要点ではない。

　以上の点を踏まえ、要約例を見比べてみよう。まず、テーマは海上での通信であるから、③は要約として不適切である。また、専門用語を含んでいる①は、要約文だけを読んでも意図がつかみにくく不適切である。④は、海上通信の現状で「十分」となっているが、原文にはそのような

主張はない。要約した者の、独自の解釈や意見が入り込んでいる。その上、データの数値が含まれている点からも不適切である。②については、テーマとなる「海上での通信」が主語となっており、その実情（通信速度が遅い）と課題（扱える情報に限り）が示されており、要約としてもっとも適切である。

　文章例が暗に主張したいこととは、課題解決のため、海上での通信でも陸上と同様に高速・大容量化が望まれるということであろう。この主張は、文章例を見ても、要約例②を見ても、同じように伝わる。したがって、優れた要約文とは、原文を読まなくてもその要点や主張が伝わる文章であるといえる。

(5) 要約のコツ

① 要約はノートをとるつもりで

　要約とは、筆者の「言いたいこと」を、あくまでも「自分の言葉で」まとめる行為で、授業中に「ノートをとる」ことに似ている。このとき、教員の発言を一字一句正確に記録しようと思う学生はいないだろう。授業後に自分がノートを読み返し、授業の要点を復習することが目的であるから、大切ではないと判断したことはノートにとらない。文章の要約にもこれと同じことが言える。

② 要約文の2つのアプローチ

　原文の論旨を把握したら、字数を考慮しながら、落とせる部分を順に取り除いていく作業がまず必要になる。いわば文章のダイエットのような作業ともいえる。次に原文の「言いたいこと」を「自分の言葉で」まとめる。この際には2つのアプローチが考えられる。

原文の論旨の展開が、段落を追って整然と進んでいく場合には、各段落の内容をまとめてつなぎ合わせる「段落方式」が有効である。それぞれの段落の内容を、字数を考慮しながらまとめてつなぎ合わせていく。しかし、各段落のまとめのすべてを順に並べると、字数をオーバーしてしまうこともある。そのような場合には、必要に応じて複数の段落の内容をひとまとめにしたり、論旨の展開との関連が低い段落（たとえば枕話的なもの）を端折ったりといった工夫が必要になる。この点において、段落方式は、どちらかと言えば「引き算」に似たアプローチと言えよう。

　一方、いわゆる「起承転結」型や「序論本論結論」型の構成を持たない文章を要約する場合には、原文からキーワードや主張となる文章を拾い出し、これをもとに内容をまとめる「キーワード方式」を使うとよい。筆者の「言いたいこと」の中核をなす「キーワード」もしくは鍵となる文を拾い出し、それに肉付けをしていく方法は、「足し算」に近いアプローチである。

　要約の目的は、限られた字数の中で原文の内容を可能な限り正確に伝えることにある。したがって、どちらのアプローチで取り組んでも、この目的が達成されていれば、優れた要約ということになるだろう。

③ 尻切れトンボに要注意

　要約の際にもっとも犯しやすい過ちは、原文の枝葉の部分に字数を使いすぎ、肝心のもっとも「言いたいこと」にまで手が回らなくなることである。「尻切れトンボ」にならないためには、要約に盛り込むべき内容をまずしっかりと吟味してから、書き始めることが重要である。

④ 自分の言葉と自分の考えは違う

　自分の言葉でまとめることに集中す

るあまり、要約に原文には書かれていない自分の考えをつい盛り込んでしまうことがある。気づいたら原文の内容と正反対の自説を展開してしまうことがないよう、十分注意する必要がある。要約があくまでも原文の内容・主張をまとめる作業であるということに留意しよう。

⑤ 見直しを忘れずに

どんな名文家でも、みずからがつづった文章を必ず見直す。第1章で扱った非文・悪文にも注意しながら、要約が完成したら必ず見直す習慣をつけたい。大学で作成する論文やレポートに留まらず、社会人になった後も、企画書や報告書、議事録等で人目に触れる文章を書く機会は多い。文というものは、何度確認してもさらに改善できる箇所が見つかるものである。そのため、一度も見直しをせずに提出すると、言葉の誤りや文意のあいまいさのために悪い結果や損失につながる恐れがある。自分の書いたものを丁寧に見直す習慣をぜひ身につけたい。

(6) 要約文作成・改善のポイント（まとめ）

練習問題に入る前に、要約文作成のポイントを以下にまとめておく。

① 要点のまとめ方についてのポイント
□タイトルを参考にすることによって、主張は何かを予測する
□全体の構成を確認し、バランスよくまとめる
□段落方式かキーワード方式かを考える。さらに、起承転結型か序論本論結論型か、あるいはその他の型か？
□専門用語、詳細な数字は極力除外する
□たとえや例示等に惑わされ、「尻切れトンボ」で終わらない
□自分の言葉でまとめる。ただし加工し過ぎず、あくまでも原文の内容に忠実に
□必ず見直しをする

② 表現についてのポイント
☐ 極力直接引用は避ける。どうしても直接引用する必要がある場合は、「　」でくくり、一字一句間違えずに書く
☐ 非文・悪文はないか(特に、口語表現、主述の呼応、誤字・脱字等)。全体として読みやすいか
☐ 接続詞を効果的に利用する
☐ 指示語を多用せず、指示語が指し示す対象が明白かどうか、常にチェックする

3．練習問題

(1) 要約の課題文

　以下に日本経済新聞2015年5月24日付の社説と、本章の執筆者による「海賊は過去の遺物となったか」と題した文章を掲載する。それぞれ、「段落方式」「キーワード方式」のどちらのアプローチが適当か考えながら、解説と模範解答に目を通す前に、200字以内で要約してみよう。なおその際、要約文全体をひとつの段落と考え、字下げはしないよう注意したい。このことは、しばしば論文の概要にも該当することである。

【課題1】海の漂流ゴミの影響が心配だ

　海を漂流するゴミの問題が深刻さを増している。とりわけプラスチックのゴミは自然界で分解されにくく、形は変えてもなくならないため、海洋の生態系への影響が心配される。

　海は豊かな恵みをもたらす。海の生態系や美しさを損なわないためには、ゴミを流さないことが最も有効な対策だ。海水浴やキャンプのシーズンを迎え、砂浜や河原にゴミを放置しないよう、一人ひとりが心がけ

る必要がある。

　海に流出するプラスチックゴミは世界全体で480万〜1270万トンに達すると推定されている。日本近海でも漁具やペットボトル、レジ袋などが大量に漂っていることがわかっている。

　なかでも近年、その影響が心配されているのは、大きさが5ミリメートル以下の微細なプラスチックのゴミだ。「マイクロプラスチック」と呼ばれる。大きなゴミが紫外線にさらされ、波の働きで小さく砕けてできる。回収が困難なうえ、魚や貝類がプランクトンと誤って取り込むことが知られており、生態系に悪い影響を及ぼしかねない。

　ただ、どれほどの量の微細プラスチックが海を漂っているのかはわかっていない。またこれを摂取した魚介類にどんな影響があり、食物連鎖を通じて人間にも影響が及ぶのかなども未解明だ。詳しい調査を進めて汚染の全貌をつかむ必要がある。

　環境省によると、日本周辺ではとくに東シナ海から対馬海峡にかけて漂流するゴミが多い。発生源は日本国内だけでなく、中国や韓国などからの可能性が大きいという。廃棄物の回収や処分が適切になされていないと推定される。

　日本の海岸に漂着したゴミを自治体や市民団体が回収する動きが広がっているが、流出を抑えないことにはきりがない。ゴミの中には注射針のような医療系廃棄物も混じり、事態は深刻といえる。

　近隣諸国に廃棄物対策の強化を働きかけるとともに、私たち自身が国内での発生を減らすよう努める必要がある。

【課題2】海賊は過去の遺物となったのか

　海賊といえば、独特の帽子やコスチューム、黒旗を掲げた船など、子どもでも容易に想像できる存在である。今も昔も日本・海外を問わずアニメや劇、映画を通して、人々にとって身近な存在となっている。また、ハロウィンの際、多くの人が海賊の仮装に扮するなど、特に船舶関係の

仕事に携わらない一般人にとってもステレオタイプ化され、浸透している。しかも、それらはすべて憎めない親しみやすいキャラクターとして扱われている。それでは、現実の世界では今、海賊は過去の遺物となっているのであろうか。

　海賊の歴史を見てみると、ギリシア神話や古代伝説に登場するほど、海賊は古くから存在していた。ヨーロッパでは、ホメロスの『オディセイア』に登場する海賊を皮切りに、紀元前にはローマ帝国最大の脅威となったキリキア海賊が、そして中世期にはヴァイキングが活躍する。また16世紀の大航海時代以後19世紀まで、西欧諸国が海賊行為を奨励した時代に活発化した「私掠船」は、有名である。私掠船とは、イギリスやフランス、スペインにおいて、敵国船の略奪を許可する免許状を国王から取得した個人船であり、英仏戦争やナポレオン戦争時に活躍していた。

　では現在、海賊の活動は終息したのであろうか。19世紀に各国が制海権を確立し、さらに20世紀に国際規模の物流のために海運の役割が重要視されてくると、必然的に船舶の安全運航を目的とした国際法の整備が進み、海賊行為も終息していった。ところが1980年前後になってから、再び海賊による活動の活発化が報告されるようになってきたのである。

　IMB（国際海事局）の調査によると、90年代には東南アジア海域における海賊による被害報告が、全体の約半数を占めていた。同局によると、世界の海賊事件発生件数は2010年にピークを迎え、445件に上っている。その後は減少しているが、ソマリア沖・アデン湾エリアにおいては、特に2008年以降海賊事件発生件数が飛躍的に上昇し、2011年に頂点に達した。同時期、日本籍の船舶も複数の被害を受けている。

　当時は国際連合においても議論が重ねられ、海賊抑止の対策が国際レベルで取り上げられるようになった。2008年、ソマリア領海内において海賊行為及び武装強盗を阻止するため、国際連合安全保障理事会決議第1816号が、全会一致で採択された。その後、各国の海賊対策の取り

組みにより、同エリアにおける海賊被害については減少した。しかし2015年現在、IMBからICC（国際商業会議所）に報告された海賊・強盗発生箇所をICCのウェブサイトから調査すると、東南アジア海域では依然多数の報告が寄せられている。また、アフリカ地域においては、ギニア湾を中心とする西アフリカの沿岸部で海賊・強盗行為が目立つ。さらに近年では、より大規模集団によるビジネス化した組織的犯行、武装の強化、シージャック目的やテロ目的による海賊行為の凶悪化がますます深刻になってきている。

　このような状況から、現在も海賊は決して過去の遺物ではないことが明らかとなった。国家間協定の下、組織的犯罪グループやギャング団による海賊行為を阻止する活動が、現在もなお、世界中で実施されているというのが現実であると言える。

(2) 解説と解答例

①【課題1】の解説と解答例

　【課題1】は、社説というスタイルもあって、各段落が短く、段落ごとの内容をつなぎ合わせていったのでは、明らかに字数が足りなくなる。そこで「キーワード方式」をとるほうが賢明であろう。ただし、「段落方式」を用いて要約しても特に問題はない。

　何よりもまず、社説のタイトル「海の漂流ゴミの影響が心配だ」が、主張の中心になることは疑いない。どのような課題においても、タイトルが本文を表わす有力なキーワードであると考え、文章全体を予想することが大切である。では、以下に本文からキーワードや鍵となる文をあげてみよう。

　□海を漂流するゴミの問題が深刻

□海洋の生態系への悪影響
□ゴミを流さないことが最も有効な対策
□微細なプラスチックのゴミ
□回収が困難、魚や貝類がプランクトンと誤って取り込む
□摂取した魚介類にどんな影響があり、食物連鎖を通じて人間にも影響が及ぶのかなども未解明
□汚染の全貌の解明
□発生源は日本国内だけではない
□近隣諸国に廃棄物対策の強化を働きかけるとともに、私たち自身が国内での発生を減らすよう努める必要がある。

【解答例】
海を漂流するゴミ問題が深刻化している。特に微細なプラスチックのゴミは、海洋の生態系に悪い影響を及ぼすことが懸念されている。回収が困難であり、魚や貝類がプランクトンと誤って取り込んでしまうからだ。魚介類や人間への影響など、詳しい調査を進めて汚染の全貌をつかむことが求められる。また、漂流ゴミの発生源となる可能性が高い近隣諸国に廃棄物対策の強化を働きかけるとともに、国内での発生減少に努めることが肝要だ。

　以上が200字の要約である。海を漂流するゴミの問題、生態系への影響の心配、微細なプラスチック、発生源の可能性が高い近隣諸国、廃棄物対策の強化、国内における発生減少への努力、といったこの社説のキーワードを網羅している。200字ちょうどにまとめる必要はないが、たとえば200字の制限がある場合は、最低でもその9割を目安に、180字より多くマスを埋めるよう心掛ける必要がある。
　200字程度の要約では、原文で論拠を示すために使われている数値や、詳細かつ具体的な記載に字数を割いている余裕がないことにも注意が必

要だ。それらにこだわると、「尻切れトンボ」の要約になってしまう可能性がある。

②【課題2】の解説と解答例
【課題2】は、一般的な新聞の社説と違い各段落が長いので、「段落方式」が向いている。以下に段落ごとの要旨をまとめてみよう。
　第1段落　海賊は親しみやすいキャラクターとして浸透
　第2段落　神話や伝説にも登場し、19世紀まで活躍
　第3段落　近代になると概ね終息したが、1980年代より再び活発化
　第4段落　東南アジア海域、ソマリア沖・アデン湾付近で日本籍船を含む多数の被害報告
　第5段落　国連や各国の海賊対策により、一部では減少するも、なお凶悪化した海賊行為は横行
　第6段落　結論的に現在も、海賊は過去の遺物になっていない
　これらを踏まえ、段落の展開に沿って内容をまとめると、要約が完成する。

> 【解答例】
> 海賊は、現代ではアニメなどのキャラクターとして広く親しまれている。歴史上登場したのは神話や伝説の時代からで、19世紀まで活躍していた。近代になると海賊の活動は一旦終息したが、1980年代より再び活発化し、多数の被害が報告されている。国連や各国の海賊対策が行われた結果、一部地域では被害件数が減少したものの、現在も世界中で凶悪化した海賊行為が報告されている。海賊は現実世界において、過去の遺物にはなっていない。

4．提出課題

教員の指示にしたがい、巻末の課題ワークシートを完成させなさい。

5．第2章のポイントの復習

① 剽窃は違法行為という点を肝に銘じて
② 引用部は括弧に入れ、出典を示す
③ データには出典を
④ 要約は原文に忠実に、要点を自分の言葉で
⑤ 要約には「段落方式」と「キーワード方式」がある
⑥ 非文・悪文に注意し、見直しをしっかりと

第3章　手順の説明文を書こう

大岡紀理子

1. 第3章のナビゲーション・マップ

(1) 第3章の目的
　第3章では、手順を説明する文章について学ぶ。ものごとを順序立てて論理的に説明することができるようになるために、いくつかの例を参考にしながら、あなたも実際に手順の説明文を作成してみよう。

(2) 第3章のチャート（概要）
　① 手順を説明するとは？
　② 手順の説明文のいろいろ
　③ 手順の説明文を書くときに (1)
　　―全体像を示そう―
　④ 手順の説明文を書くときに (2)
　　―読み手の気持ちを考えよう―
　⑤ 手順の説明文を作成する際の注意点

(3) 第3章のポイント
　① 説明しようとしている事柄の全体像をまず把握する
　② 説明する事柄を、適切な分量でいくつかの部分に分ける
　③ まず全体像を提示した上で、各部分をわかりやすく順番に配列する
　④ 説明を進める際、読み手が内容を追えるかどうかを十分に考慮する

2．手順を説明する文章

(1) 手順を説明するとは？

　手順を説明するとは、どういうことだろうか。また手順の説明文は、どうような場面で必要なのだろうか。

　一般に手順とは、ものごとをする際の順序や段取りをいう。たとえば、目的地までの道順の説明や料理の作り方、機械の操作方法、道具の使い方などである。このように他者に手順を説明する機会は、私たちの身の回りにたくさん存在している。

　これらの説明において、その順序が適切でなかったらどうなるであろうか。説明を受けた人はおそらく、目的地にたどり着けず、料理を失敗し、機械を誤作動させてしまうだろう。つまり、ある情報を伝える際には初めから終わりまで順序立てて説明をしないと、受け手は情報をうまく受け止めることができないのである。こうした点から、手順を追って説明することは極めて重要なことである。しかし、物事を説明するのが得意という人はあまり多くはいないかもしれない。また自分で説明下手ということに気が付いていない人も多いだろう。

　理工系で手順を説明することが必要になる場合を想定してみたい。理工系では授業や論文作成の際に実験や実習を多く行うだろう。実験経過や実験方法、成果などを的確に示すことは、あなたの実験がいかに意義あるものであるかを示していくことになる。そのため、あなたが実験でどのような準備をし、どのような過程で実験を進めたのか、そして実験ではどのような状況になり、どのような結果が得られたかを示すことが重要になってくる。また手順を説明するということは、たとえ実験にあまり詳しくない人でも、あなたが示した手順で実験を行えば、同じ結果になることが求められるものである。つまり、実験における再現性が科学では必要とされるのである。

この手順が間違っていたり、説明が不十分であったりして、同じ結果が得られないとなると、論文全体の質が問われることにもなる。そのため、細心の注意を払って、わかりやすく正確に書かなければならないのである。手順を説明する上で最も気をつけなければならないことは、「わかりやすさ」と「正確さ」である。

(2) 手順の説明文のいろいろ

では、手順の説明文には一般にどのようなものがあるだろうか。典型的なものとして、道順の説明や料理の作り方、実験の仕方の説明などがある。以下では、「1. 道順の説明」、「2. スライムの作り方」を見てみることとする。

「1. 道順の説明」

> A美術館への行き方
> A美術館は●●町■■番地にあり、B小学校の隣にあります。
> A美術館の最寄り駅である△△線の××駅からの行き方を説明します。××駅からは徒歩で10分程です。まず××駅のA3出口から外へ出ると、目の前に交番と郵便局があります。その交番と郵便局の間にある道を〇〇交差点まで道なりに進み、その交差点を左折します。
> 次に2つ目の信号の交差点で右折すると左側にB小学校が見えます。その先にA美術館があります。

道順を説明する際には、目的地までの間に目印となるものを、その道順に沿って向かう人の立場で説明することが原則である。そのため、まず説明する目的地がどこにあるのかを示すことが重要となってくる。次に、どこから見た目線で説明を始めるのかを示すことも忘れてはいけない。そして、道順を説明する際には、読み手や聞き手の心理を踏まえた

適切な情報量で示すことが重要である。

「2．スライムの作り方」

《準備するもの》
割り箸2本　スプーン1本
プラスチックカップ3個（カップaとカップbとカップc）　ボウル1個
《材料》
洗濯のり（「PVA」と書いてあるもの）…50ml　ほう砂…4g
水…90ml　絵の具…少量

◎野球ボールくらいの大きさのスライムの作り方を説明する
(1) まず、カップaに水50mlを入れ、作りたいスライムの色の絵具をその水の中に入れ、割り箸でかき混ぜながら溶かす…ア
(2) 次に、カップbに洗濯のりを50ml入れる…イ
(3) カップcに水40mlを入れる。その中にほう砂4gをスプーンで少しずつ入れていき、割り箸でかき混ぜながら「ほう砂の飽和水溶液」を作る…ウ
(4) そして、ボウルにアとイを入れて、割り箸でよく混ぜる
(5) ボウルの中にウを少しずつ入れよく混ぜる
(6) ウの量でスライムの粘り具合が決まる。理想の硬さになるまでかき混ぜる

【注意事項】
・色移り防止のため、出来上がったスライムを布や紙の上などに放置しない
・スライムを保存する際は、乾燥を避けるためビニール袋や密閉容器などにしまう

・スライムや水溶液の誤飲を防ぐため、ジュース等の容器には入れず、余った水溶液等は速やかに処分する
【ポイント】
・スライムの色ムラを防ぐために、材料である「洗濯のり」「絵の具」「水」「ほう砂」をただ混ぜるのではなく、アとイをまず混ぜた上でウを加えるという順序を守ること
・プラスチックカップを用いると分量が見やすく、失敗が少ない

　「1. 道順の説明」と同様に「2. スライムの作り方」でも、はじめに読み手に出来上がりのイメージを与えることが望ましい。スライムの作り方では段階的に作業を進める必要があるため説明する量が多くなる。ひとつの文に複数の指示を入れすぎてしまうと、わかりにくくなってしまうため、番号や記号を記して小分けに説明している。

(3) 手順の説明文を書くときに (1) ─ 全体像を示そう

　手順の説明文では、これからあなたが説明する事柄は何なのか、最もポイントとなる箇所をまず示すことが必要である。前述の例で挙げた「1. 道順の説明」や「2. スライムの作り方」で言うならば、目的地はどこにあるのか、どのような作業が必要なのか、ということになる。まず全体像（何の説明をするのか）を示すことで、説明される側は、これから説明を受ける事柄の大枠をイメージすることができるのである。たとえば、「○○競技場は〜にあります」、「〜は大勢で遊べるゲームです」、「本論文の目的は〜である」というようにこれから何を取り上げるのかということを示すことである。

　しかし、手順の説明文の種類によっては、大枠のイメージを文章で示さない場合もある。たとえば、カップラーメンのつくり方（通常、容器側面などに書いてあるもの）の場合、ラーメンとは何か、そのラーメンの種

類は何か、といったことは示さず、つくり方だけが述べられる。こうした場合、誰もが知っていると思われることは示さず、また、はじめに示されるべき大枠のイメージを説明文以外の部分 (たとえばフタに描かれているラーメンの写真) が担っている場合も手順説明文に盛り込まれない。

　手順を説明するにあたっては、必要な情報を整理して、簡潔に説明することを心がけるべきである。そして、必要な情報全体を適切な分量に分け、わかりやすい順に配列することが重要である。その際、「まず」「次に」など順序を表す語を使用することは、説明する事柄の順序が明確になってくるため効果的である。また、一つの文にもりこむ作業・手順は短く示した方が、わかりやすい。

(4) 手順の説明文を書くときに (2) ―読み手の気持ちを考えよう

　手順の説明文を書く際には、読み手の気持ちを考えなくてはならない。以下にポイントを示すこととする。

　○誰が読み手なのかを特定する
　○読み手の知識や情報をふまえる (初心者を念頭に置くと良い)
　○読み手の理解できる用語を使用する
　○読み手が具体的に想定できるような記述や図を工夫する (たとえば、箇条書き、一覧表、フローチャートなど)
　○読み手が必要とする情報を整理し、適切な分量で示す
　○必要な情報のみを伝え、無駄な情報は省略する
　○読み手の思考や行動を想定し、起こりうる状況や間違いやすい点への注意を促す
　○コツや裏技などを必要に応じて補う

つまり、書き手は何をどのようにまず伝えたらわかりやすいのか、一度に受け手はどれくらいの情報量を処理することができるか、といったことを考えることが重要なのである。

書き手は、自分が説明する事柄の内容をよく知っているはずである。たとえば、ある器具の取扱説明書を書くとき、その器具の使い方を熟知していなければ説明書を書くことはできないだろう。だが、読み手はそれについて知っているとは限らない。そうした場合、説明する事柄に対する両者の間に知識の差が発生することになる。手順を説明する際には、読み手が順を追って少しずつ理解できるよう、情報の取捨選択を意識的に行うべきである。

また、特に機械の操作方法や実験の手順などでは、起こりやすい事柄や間違いやすい事柄の説明を加えておくと親切である。さらに、作業を成功させるコツやポイント、目印などを付け加えるとよりわかりやすい。

ここで上記とは反対に、私たちが手順の説明文を作成するときに陥りがちな悪いパターンも挙げておこう。

×読み手も共有していると勝手に判断し、説明が必要な情報を省略する
×必要以上に細かく説明しすぎる
×読み手がわからないような専門用語を解説なく使う
×手順通りに書かず、思いついた順に書いてしまう
×手順の説明中、唐突に注意点などを書いてしまう
×同時進行で物事が進むような手順を説明する際、どちらの工程を書いているのか明記せずに書き進めてしまう
×準備するものを先に示さず、手順の中でいろいろな道具が示される

手順を説明する際には、読み手が説明文を読んだ際、誤解なく理解できることが重要である。そのため、不必要な細かい説明を入れたり、読み手の思考に飛躍を強いたりすることは、手順の説明文では避けなけれ

ばいけない。また、事前準備が必要なものに関しては最初に示しておいたり、読み手の気持ちになって言葉を選んだりすることが重要である。

3．練習問題

【練習問題：パスタのゆで方を説明せよ。】

【解答例】
《準備するもの》
パスタ100g、塩5g、2ℓの水、パスタ鍋（深めの鍋）、トング、ざる
《パスタのゆで方》
① 1人分のパスタのゆで方を説明します
② まず、2ℓの水を鍋に入れて強火でお湯を沸かし、沸騰したら塩5gを加えます
③ 次に、②の鍋にパスタ100gを放射状に広げて入れます
④ ゆでている間の火加減は、お湯が吹きこぼれず、パスタが揺れる程度です
⑤ パスタがくっつかないように、トングで時々鍋のお湯をかき回します
⑥ 袋に表示してあるゆで時間より早めにパスタを1本引き上げ、それを指先でちぎってみるか、食べてみてゆで加減を確認します
⑦ パスタをざるにあけて水気をきります
《ポイント・注意事項》
・パスタのゆで加減は好みによりますが、中心に針先ほどの芯が残っているくらいが、美味しい頃合とされています
・火を扱うため、火事や火傷に注意しましょう
・ゆであがったパスタをざるにあける際、蒸気が上がるので気をつけましょう

解答のポイント
① 全体の構成に注意する
- 手順の全体像を最初に示す
- 全体を、「準備するもの」、「本文」、「ポイント・注意事項」の3部構成にする
- 本文を小分けにし番号をふって、順を追いながら書き示す

② 重要な点を簡潔に書く
- 記載する情報量は必要最小限になるよう心がけ、適切な分量にする

③ わかりやすく書く
- 読み手が初心者である可能性を念頭に置いて書く
- 終始、読み手の気持ちになって書くように心がける

④ ポイントや注意事項を必要に応じて書く
- コツやポイントとなるような点や、起こりうる可能性のある注意点について書く

⑤ 正しい日本語表現で書く
- 非文・悪文・話し言葉が入っていないか確認する

4．提出課題

教員の指示にしたがい、巻末の課題ワークシートを完成させなさい。

5．第3章のポイントの復習

① 説明しようとしている事柄の全体像をまず把握する
② 説明する事柄を、適切な分量でいくつかの部分に分ける

③ まず全体像を提示した上で、各部分をわかりやすく順番に配列する
④ 説明を進める際、読み手が内容を追えるかどうかを十分に考慮する

第4章　データの説明文を書こう

森下　稔

1. 第4章のナビゲーション・マップ

(1) 第4章の目的
　第4章では、実験・観測・調査等によって得られたデータを、効果的かつわかりやすく図に視覚化する方法を習得する。また、図示されたデータを説明する文章の書き方とそのコツを学ぶ。

(2) 第4章のチャート（概要）
　① なぜ、データを表や図にするのか
　② 図（グラフ）のいろいろ
　③ データを図に視覚化する
　④ グラフ作成ソフトで図（グラフ）を作成する
　⑤ データを説明する文章のポイント

(3) 第4章のポイント
　① 分析の視点を明確にし、適切な図（グラフ）の種類を選ぶ
　② わかりやすく見やすい図（グラフ）を描き、必要な情報を記入する
　③ 実験などの結果を効果的・客観的に示すため、データの傾向やポイントを的確に述べる
　④ データから導くことができる、説得力のある考察を
　⑤ 簡潔かつ適切な日本語表現に

2．なぜデータを表や図にするのか

　論文が「導入・方法・結果・考察」で構成されることは、すでに述べたとおりである。第3章「手順の説明文を書こう」では、実験・観測・調査などの「方法」を適切に説明する要領について学んだ。それに続いて、第4章では、実験・観測・調査の「結果」を効果的かつ客観的に示す方法を学ぼう。

　大学での学びは、講義や書物から先達が明らかにした知識や技術を習得するばかりでなく、自ら実験や観測によって科学的真理を探究したり、調査によって社会の現状と課題を解明したりするような、アクティブなものでもある。そのために費やすべき時間と労力はいくらあっても足りない。そうやって得られたデータには、相当な愛着が感じられるだろうから、データのすべてを学習や研究の成果として活かしたい気持ちになるだろう。しかし、そのようなデータの多くは、膨大な数字の羅列になりがちである。例えば、錨泊した船上において10分間隔で気圧、風向、風速を観測したとしよう。わずか一日で432のデータが得られることになる。ただ単にその数字の羅列を示されても、レポートや論文の読者には、その意味するところを理解しがたい。何がそこから分かるのか、筆者はそこから何を見いだしたのか、一目で分かるようにしなければ、意味のあるものにならない。つまり、実験や観測を通じて得られた生のデータを表や図にわかりやすくまとめ、それらを上手に言葉で説明する工夫をしなければ、せっかく時間と労力をかけた苦労は報われない。

　一方、自分のレポートや論文に注目してもらうには、ただ技巧を凝らした表や図を示すだけでは不十分である。見やすくて、わかりやすい表や図で、明確かつ適切な説明を加えたレポートや論文が、読み手の関心を惹きつけ、学習や研究の成果に対して正当な評価を生むのである。

　では、どうすれば効果的にデータを表や図に視覚化し、適切に文章化

できるだろうか。以下では、さまざまな種類の図（グラフ）を知り、データを図（グラフ）に視覚化する方法を習得したのちに、視覚化された図（グラフ）をもとにして文章化する方法を学ぼう。

3．図（グラフ）によるデータの視覚化

　実験等で得られたデータにはさまざまな表示方法がある。最もよく使われる方法としては、表として示したあとに、図（グラフ）に加工する方法が挙げられる。

　第4章で学ぶ図（グラフ）には、散布図、棒グラフ、線グラフ、帯・円グラフの大きく分けて4種類がある。それぞれの図（グラフ）は目的が異なるため、データの性質、あるいは強調したい特徴に応じて、図（グラフ）の種類を適切に選ばなければならない。

　たとえば、次の数値を与えられた場合、どのような図（グラフ）にするのが最も適切だろうか。

【例題1】
平成24年度末における日本のパソコン世帯普及率は、75.8％であるが、世帯主の世代別でみると、20代が84.3％、30代が93.2％、40代が91.7％、50代が91.2％、60歳以上が69.5％である。
出典：総務省、平成25年度版情報通信白書

例題1のデータを図（グラフ）にするとき、次の手順で考えてみよう。
① 数値の性質、説明する文章で強調したい点に注意しながら、図（グラフ）の種類を選ぶ
② グラフ作成ソフトによって図（グラフ）にする
③ タイトル、出典等を付記する

①図（グラフ）の種類を選ぶ

> 2項目の分布や相関関係は散布図
> 量の対比・比較は棒グラフ
> 変化や推移は線グラフ
> 比率や割合は帯・円グラフ

まず、与えられた数値は、2項目の分布や相関関係、量の大小の比較、変化・推移、比率・割合・内訳のいずれを示すデータであるか考えよう。

このような原則にしたがうと、【例題1】で示された数値は世代ごとのパソコン普及率の比較ができるデータ、つまり量の大小を比べるものであるため、棒グラフが最も適切であることがわかる。データの単位がパーセント（割合）で示されているからといって、円グラフにはできない。それでは、次の【例題2】の場合はどうすべきだろうか。

【例題2】
日本のパソコン世帯普及率は、平成21年度に87.2%となった。以後、22年度に83.4%、23年度に77.4%、24年度に75.8%へと推移した。
出典：総務省、平成25年度版情報通信白書

この場合は、時間の経過による推移がわかるデータであるため、線グラフが最も適切であるとわかる。

【例題3】
クラスでアンケートをとり、インターネットに接続するための機器について、普段の生活の中で最も頻繁に使用するものを調べたところ、パソコン32%、携帯電話（スマートフォンを含む）64%、タブレット4%であった。
出所：○○大学△△学部による調査

この場合は、特定の集団内における割合がわかるデータであるため、帯・円グラフが最も適切であるとわかる。

その他、2項目間での比較や、相関関係を示すためには、散布図が適切である。さらに、3項目以上の複数項目間のバランスを示すグラフとして、レーダーチャートが挙げられる。加えて、棒グラフと線グラフの両方を用いた複合的なグラフなども考えられる。

適切な図（グラフ）を選択したら、実際に図（グラフ）を作成する練習をしよう。そのポイントは次のとおりである。

② グラフ作成ソフトによって図（グラフ）にする

グラフ作成ソフトを用いて、図（グラフ）を作成する作業に進もう。ソフトの指示にしたがい、グラフの種類、色などを選択すると、容易に図（グラフ）が画面上に表示されるようになっている。理工系の学生は、可能な限りグラフ作成専用ソフトを使おう。一般的には表計算ソフトのグラフ作成機能を使うことが多いが、図（グラフ）のタイトルが上に付いたり、凡例がわかりにくかったり、分かりやすく見やすくするためには、いろいろ手間をかける必要がある。理工系用の専用ソフトを使えば、操作や機能の習熟が必要ではあるが、出来栄えが格段に良く、手間も少なくて済むだろう。

③ タイトル、出典等を付記する

図（グラフ）による視覚化の際に、必ず文字によって示さなければならない事項がある。それは、タイトル、凡例、軸の単位、出典・出所などである。

図（グラフ）と文章が並んでいるレポートの場合、最初に注目されるの

は図（グラフ）である。それだけに、図（グラフ）をひと目見ただけで、全体像と特徴が理解できるようにする工夫が必要である。そのためには、必要な情報として、図（グラフ）とともにタイトルや単位、出典等が明記されていなければならない。

　このとき、図（グラフ）のタイトルは下につけることに留意しよう。日本語でも英語でも、学術的な文献では図（グラフ）のタイトルは必ず下につけなければならない。なお、表のタイトルは上につける。

4．データを説明する文章を書く手順

　図（グラフ）が完成したら、データを文章化する作業に移ろう。データを文章化する際には、次の手順をたどる。それぞれの手順において重要なポイントは何かを考えよう。

① データの概要（導入）

　データの概要は、図（グラフ）を説明する手順の導入部分に当たり、主に作成された図（グラフ）が、どのような出典により、何について表されたものであるかについて、端的に述べる部分である。第3章で学んだように、まず全体像を示し、読者に理解の枠組みを与えよう。

② 図（グラフ）の概要

　次に、図（グラフ）の概要を手短に説明する。この部分では、座標軸を用いる図（グラフ）の場合には縦軸と横軸がそれぞれ何を示しているか、また単位は何か、どのような目盛りが付されているか、などについて説明を行う。つまり、データの特徴を具体的に説明する前の段階で、図（グラフ）の読み方を解説するのである。直接目に入る記号や数値、単位などの事実について記述する。

③ 図（グラフ）の説明

2項目間の分布、量や比率、推移など、データを説明する。あなたが図（グラフ）の種類を選ぶ際に決め手となったことがなんであったかを確認すれば、容易に構想がすすむだろう。まず、図（グラフ）から読み取れる情報に注目し、そこから得られるデータの特徴について、量や比率、推移を追ったり、分析したりする。例えば、ある情報の変化や推移に注目するために線グラフを選択した場合、そのグラフから読み取れる変化や推移を適切かつ十分に説明するように心がけよう。この説明の段階では事実のみの記述にとどめ、あなた自身の考察から得られた結論等については言及しないという点に留意したい。

④ データについての考察

③での説明を踏まえ、そのデータから導かれる結論と考察を説明する。ここで注意したいことは、データから読み取ることができる事柄は何かについて改めて考え、記述することである。よくない記述で最も多いのは、データからは読み取ることができない結論や考察を強引に論じるケースである。論理の飛躍は控え、あくまでも、データから読み取ることができる結論を述べること、そしてその後に結論から導き出せる事柄についてのみ考察することを心がけよう。つまり、図（グラフ）に示されたデータだけでは説明が付かないことは述べないようにして、その図（グラフ）によって示されている事実とは何であるのかについて考察を深めることが肝要である。

では、データの視覚化と文章化の手順について、具体例を以下に示してみよう。

まず、次の表に記されたデータをもとにして、適切な形式でわかりやすい図（グラフ）をグラフ作成ソフトで作成し、次にその図（グラフ）について文章化し、説明しよう。

【例題4】

　材料の機械的性質を調べる方法の一つに、硬さ試験がある。表1は、浸炭処理(炭素を材料表面から浸透拡散する熱処理)により、表面とその表層の機械的性質を変えた2種類の鋼(以下、鋼Ⅰ、鋼Ⅱと言う)に対する硬さ試験の結果であり、表面からの深さ方向に硬さが変化する様子を示すデータである。

　硬さ試験には種々の方法があるが、表1のデータはマイクロビッカース硬さ試験という微小荷重を用いた押し込み硬さ試験(窪みを生じるのに必要な単位面積当たりの面圧を意味し、硬さの単位はkgf/mm^2で示される)であり、用いた負荷荷重は0.49 N、このときに生じる窪みの代表的大きさは十数μm、深さは数μm程度である。この硬さ測定では、試験片の断面をカットして所定深さdでの断面の硬さを求めている。なお、表面(d = 0)の硬さ測定は、断面ではなく表面に押し込みを行った結果である。一般に、硬さ測定のデータはばらつくのが常であり、表1のデータは各5点の測定値の平均値を示している。なお、浸炭処理を行わない2種類の鋼の硬さは、深さによらず共に540[kgf/mm^2]程度である。

　表1のデータを用いて、浸炭処理を行った2種類の材料について、深さ方向に硬さがどのように変化するかを示す図を作成せよ。さらに完成した図に関して説明文を書きなさい。説明文の記述にあたっては次の2点を考慮すること。
(1) 浸炭処理された鋼の深さ方向への硬さの変化および浸炭処理の及ぶ深さ
(2) 鋼Ⅰと鋼Ⅱの硬さの比較

表1　マイクロビッカース硬さ試験結果

表面からの深さ d [μm]	硬さ [kgf/mm^2]	
	鋼Ⅰ	鋼Ⅱ
0	823	904
40	952	923
100	931	938
150	948	930
200	940	983
250	940	954
300	930	933
500	883	914
1000	773	727
1500	609	631
2000	562	536

出典：二村・志摩他「摩擦改質によるはだ焼き鋼(SCM420)の耐摩耗性向上」、トライボロジー会議2014予稿集、82-83ページ。

表に記されたデータを、例として次のように散布図にした。

①数値の性質から図（グラフ）の種類を選ぶ：どの観点から分析するかを考えたのちに、縦軸と横軸に何を選ぶかがポイントになる。ここでは、「表面からの深さ」と「鋼の硬さ」の2項目間の分布をみることができるデータであることから、散布図を選んだ。なお、それぞれの点を線で結ぶ線グラフを作成すると、計測されていない架空の値を示すことになってしまい、不適切と考えられる。問題文にあるように、硬さ測定のデータにはばらつきが多く、計測されていない深さで特異な値が測定される可能性が否定できないからである。さらに、座標軸にどちらの値をとるかについて考え、「深さ」を表す図として直感的にデータの性質を理解しやすいように、縦軸に「表面から深さ」をとり、原点を上方に配置した。一般的には、横軸には時間や実験操作が行われたデータをとり、縦軸にはその結果得られた統計値、実験結果、観測結果などをとる。例え

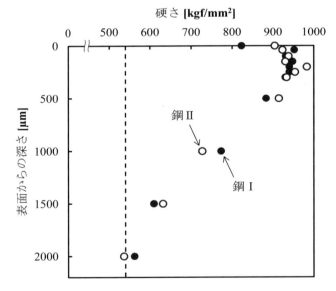

図1　マイクロビッカース硬さ試験結果

（破線は浸炭処理を行っていないときの硬さ）

出典：二村・志摩他「摩擦改質によるはだ焼き鋼（SCM420）の耐摩耗性向上」、トライボロジー会議2014予稿集、82-83ページ。

ば、年度ごとの売上高を示す図では、横軸に年度、縦軸に売上高をとる。しかし、【例題4】では上述の理由で、縦軸に深さ（実験で操作したデータ）をとり、横軸に硬さ（実験で得られたデータ）をとった。

次に、②グラフ作成ソフトにより図（グラフ）を完成させたら、③タイトル、出典等を忘れずに記入すること。

ここから、データを以下のように文章化する。

　　図1は、二村・志摩他が発表した、浸炭処理された鋼の表面および表面層の硬さを計測するために、表面とその表層の機械的性質を変えた2種類の鋼（以下、鋼Ⅰ、鋼Ⅱと言う）にマイクロビッカース硬さ試験を行った結果を表したものである。なお、最表面の硬さは、断面ではなく表面に押し込みを行うことにより測定した。負荷荷重は、表面・断面によらず 0.49 N である。

　　同図は、縦軸に表面からの深さ [μm] を、横軸に硬さ [kgf/mm^2] をとって、鋼Ⅰと鋼Ⅱの硬さがどのように変化するかを示している。なお、図中には浸炭処理を施していない2種類の鋼の硬さも破線で示してある。

　　浸炭処理された鋼は、鋼Ⅰ、鋼Ⅱともに表面から 250 μm 付近まで特に硬く、それより深くなると次第に硬さの値が減少する。深さ 2000 μm 付近に至ると、硬さは浸炭処理を施していないそれとほぼ一致する。これは、適用した浸炭処理では炭素の浸透拡散は深さ 2 mm 程度であることを示している。また、浸炭処理された鋼Ⅰと鋼Ⅱでは、硬さの顕著な違いは最表面に現れ、最表面では鋼Ⅱの方が硬くなる。一方、表面層には硬さの明確な相違は認められない。

　　これらのことから、機械的性質が異なる鋼でも、浸炭処理によって表面層を同じように硬くすることができることがわかる。このとき、材料の用途にとって最表面をより硬くすべき場合には鋼Ⅱの方が効果的であるが、用途からみて鋼Ⅰの硬さでも十分である場合にはどちらを用いてもよいことがわかる。また、浸炭処理を行っても深さ 2mm 程度になると処理を施さない鋼とほぼ同じ硬さとなることから、板状の鋼の場合には厚さ 2mm 以上、円柱状の鋼の場合には半径 2mm 以上あればよいことがわかる。

以上の手順によるデータの視覚化・文章化のプロセスでは、図（グラフ）をもとにして考察する箇所がクライマックスとなる。次章では、データから得られた考察をもとにして、説得力のある主張を展開する。データについての考察は、論文やレポートの出来栄えを左右する鍵となると言える。

5．練習問題

東京海洋大学の南研究室では、船舶が波を受けたときにどのような動きをするのかを把握するため、波浪中の船体運動量を計算プログラムにより求めている。表2は、この計算プログラムにより得られたある船[1]の波浪中運動データである。表中、データは波の長さ（λ）と船の長さ（L）の比で表した値（これを波長船長比と称し、λ／Lで表す）に対して、波による縦揺れおよび横揺れの動揺量を応答関数[2]として示している。またデータは波方向（φ）[3]が135°および90°の際のものである。応答関数は入力値に対する出力値の比で表現されるため、応答関数そのものには単位はない。

この表から、データが示す傾向を見いだし、それを表すグラフを作成した上で、下記の要領により、グラフを説明する文章を記述しなさい。

※1　この船の長さは175.0mであり、幅は25.0mである。
※2　縦揺れ、横揺れの応答関数とは、波により発生した船舶の傾斜角を波面の水平線に対する傾斜角で割ったものである。例えば船の傾斜角が15°で波面の傾斜角が15°であれば応答関数は1となる。
※3　船に対し波が正面から来る場合はφ＝180°であり、真横から来る場合はφ＝90°とする。

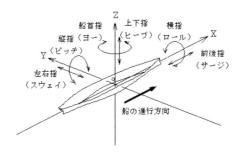

参考図1　船の運動（6運動）

表2　船舶の波浪中運動データ

	縦揺れ		横揺れ	
	$\phi=135°$	$\phi=90°$	$\phi=135°$	$\phi=90°$
λ/L	応答関数	応答関数	応答関数	応答関数
0.20	0.0005	0.0022	0.0016	0.0065
0.30	0.0036	0.0085	0.0130	0.0195
0.40	0.0153	0.0470	0.0067	0.0408
0.50	0.0047	0.0695	0.0217	0.0680
0.60	0.0805	0.0661	0.0520	0.0998
0.70	0.2470	0.0611	0.0852	0.1359
0.80	0.5381	0.0576	0.1190	0.1762
0.90	0.8846	0.0552	0.1519	0.2211
1.00	1.0232	0.0536	0.1825	0.2710
1.05	1.0193	0.0529	0.1970	0.2980
1.10	1.0023	0.0523	0.2108	0.3265
1.15	0.9839	0.0518	0.2241	0.3567
1.20	0.9671	0.0514	0.2370	0.3885
1.25	0.9521	0.0509	0.2495	0.4223
1.30	0.9386	0.0505	0.2617	0.4581
1.35	0.9264	0.0502	0.2737	0.4960
1.40	0.9151	0.0499	0.2856	0.5364
1.45	0.9047	0.0495	0.2976	0.5793

	縦揺れ		横揺れ	
	$\phi=135°$	$\phi=90°$	$\phi=135°$	$\phi=90°$
λ / L	応答関数	応答関数	応答関数	応答関数
1.50	0.8951	0.0493	0.3096	0.6251
1.60	0.8781	0.0487	0.3341	0.7263
1.70	0.8635	0.0482	0.3595	0.8428
1.80	0.8509	0.0477	0.3865	0.9783
1.90	0.8398	0.0473	0.4152	1.1376
2.00	0.8302	0.0469	0.4461	1.3275
2.10	0.8216	0.0465	0.4796	1.5577
2.20	0.8139	0.0461	0.5160	1.8425
2.30	0.8071	0.0458	0.5558	2.2038
2.40	0.8009	0.0454	0.5994	2.6766
2.50	0.7952	0.0451	0.6475	3.3218
2.60	0.7901	0.0448	0.7007	4.2526
2.70	0.7854	0.0445	0.7599	5.7034
2.80	0.7811	0.0442	0.8260	8.2111
2.90	0.7771	0.0439	0.9002	12.8046
3.00	0.7733	0.0436	0.9842	18.1972
3.10	0.7699	0.0433	1.0799	18.5616
3.20	0.7667	0.0430	1.1897	13.7792
3.30	0.7637	0.0428	1.3169	9.5838
3.40	0.7609	0.0425	1.4659	7.2418
3.50	0.7583	0.0423	1.6428	5.8627
3.60	0.7558	0.0420	1.8559	4.9681
3.70	0.7535	0.0418	2.1173	4.3435
3.80	0.7513	0.0416	2.4454	3.8833
3.90	0.7492	0.0414	2.8690	3.5304
4.00	0.7472	0.0411	3.4363	3.2513

出所：東京海洋大学南研究室解析データ

作図の例を以下に示す。この例では、線グラフが採用されている。【例題4】とは異なり、船舶の波浪中運動データは、関数の一種である。表に示されていない波長船長比における応答関数が特異な値をとることは、あまり考えられない。

2枚の図をA4用紙に上手くレイアウトして、データを説明する文章を書いてみよう。

ちなみに、船舶にはそれぞれ上記の応答関数があり、その船固有の揺れ方である。操舵にあたっては、波によって船を危険にさらさないように、波の長さに対応して、波方向に対する船首方向の角度を保たねばならない。いわば、自分自身のみならず、乗組員や船荷の安全に関わるデータである。一つ間違えれば生きて母港に帰れなくなるような作図であり、データの説明であると思って練習問題の解答に取り組もう。

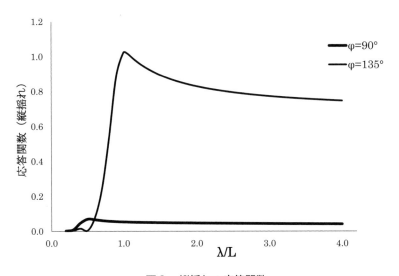

図2　縦揺れの応答関数

出所：東京海洋大学南研究室解析データ

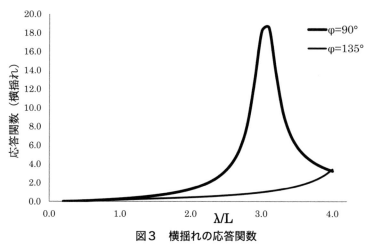

図3　横揺れの応答関数

出所：東京海洋大学南研究室解析データ

6．提出課題

表3　代表輸送機関別年間出荷量の推移－重量－

(単位：トン)

代表輸送機関		年間出荷量			
		1995年調査	2000年調査	2005年調査	2010年調査
鉄　　　　道		59,101,866	40,403,652	35,036,748	26,328,298
	自家用トラック	1,137,734,501	993,466,346	832,425,179	601,335,773
	営業用トラック	1,714,643,273	1,702,699,720	1,650,380,001	1,501,535,146
トラック計		2,852,377,774	2,696,166,066	2,482,805,180	2,102,870,919
海　　　　運		482,399,111	428,045,910	414,422,352	330,218,450
航　　　　空		794,300	857,074	855,161	910,947
そ　の　他		161,232,215	136,236,010	128,623,232	129,782,833
合　　　　計		3,555,905,266	3,301,708,712	3,061,742,673	2,590,111,446

出典：国土交通省第9回全国貨物純流動調査（物流センサス）

上記の表をもとにして、適切な形式で、わかりやすい図（グラフ）をグラフ作成ソフトで作成し、ワープロソフト文書（Ａ４判１枚以内）に貼り付けてみよう。また、以下の点に注意しながら、図（グラフ）について説明してみよう。

① データの概要（どのようにして得られた、何についてのデータか）
② 図（グラフ）の概要（横軸、縦軸はそれぞれ何を示しているか、単位は何か）
③ 図（グラフ）の説明（図（グラフ）に示されたデータの内容を文章で説明）
④ データについての考察（データからどんなことがわかるか）

ただし、④のデータの考察は、表の情報から導き出せるものに限る。
なお、レポートを印刷するときは白黒印刷とする。また、用紙の最初の行に学籍番号と名前を記入すること。

7．第４章のポイントの復習

① 分析の視点を明確にし、適切な図（グラフ）の種類を選ぶ
② わかりやすく見やすい図（グラフ）を描き、必要な情報を記入する
③ 実験などの結果を効果的・客観的に示すため、データの傾向やポイントを的確に述べる
④ データから導くことができる、説得力のある考察を
⑤ 簡潔かつ適切な日本語表現に

第5章　主張文を書こう

谷口　利律

1．第5章のナビゲーション・マップ

(1) 第5章の目的
　第5章の目的は、論理的に整合性があり、かつ説得力のある文章の書き方を学ぶことである。そのために、主張する文章の「型」を習得する。

(2) 第5章のチャート（概要）
　① 文章とは何か？
　②「説得する」とはどういうことか？
　③ 説得力のある文章を書くためには？

(3) 第5章のポイント
　① 文章には説得力が必要である
　② 説得力のある文章には、主張の根拠となる裏付けが必要である
　③ ひとつの論理構成の「型」を身につければ、論理的に主張できる
　④ 主張する文章に、感動や余韻は不要である。平凡でも論理性を重視せよ
　⑤「柔よく剛を制す」。声高に自分の意見ばかりを主張すると逆効果である。読者の反論を意識せよ
　⑥ 下書きをしてから清書せよ

2．主張する文章の考え方とその書き方

(1) 文章とは何か？

第3章では、「手順を説明する文章」を学び、第4章では「データを説明する文章」を学んだ。理工系学生が実験・演習でレポートをまとめる場合に当てはめると、手順の説明文でデータを収集するための実験や調査について述べ、データの説明文によって、得られたデータをグラフなどで視覚化してわかりやすく示した上で説明した段階である。しかし、そこから、いったい何がわかったのか、何を言いたいのかを明確に示して結論を主張しなければ、レポートは完成しない。読者にとって最も知りたいのは結論である。データを収集するプロセスでも、具体的で詳細なデータでもない。結論に関心を持ってはじめて、そのような結論が導かれたプロセスや具体的データを確かめてみたいと考えるのである。

したがって、理工系学生は主張する文章の書き方を身につけておく必要があるが、ここでは文章の基本に立ち返って、文章とは何かというところから考えてみよう。

理工系学生のあなたは、「文章」という日本語の単語の意味をそもそも理解しているであろうか。単語の意味を知るためには、国語辞典を引くのが常道である。できれば2種類以上準備して読み比べると理解が進む。GPS（衛星を用いた測位システム）が通常4個の衛星を用い、最低でも2個以上の衛星を用いなければ測位ができないことと同じ原理、と考えてほしい。

まず『広辞苑』（第六版、岩波書店）を引いてみることにする。そこには、「文字を連ねてまとまった思想を表現したもの」「文よりも大きい言語単位で、通

常は複数の文から構成されるもの」とある。抽象的に感じられるのではないだろうか。そこで、『新明解国語辞典』(第七版、三省堂:以下、『新明解』と略す)を引くと、「複数の文で、まとまった思想・感情を表したもの」とされている。つまり、複数の文で思想や感情を表現したものが「文章」ということになる。

そこで、考えてほしい。人はいったい何のために思想を表現するのか。何のために感情を表現するのか。たしかに、誰にも読ませない日記などの場合には、書くことによって自分の考えを明確化させたり、複雑な感情を整理してみずからを癒したりすることもあるだろう。しかし、多くの場合は「他人に伝えたい」から表現するのである。しかも、ただ伝えたいだけでなくて、わかってもらいたいのである。なぜなら、わかってもらえなければ、伝えたいという目的が達成できないからである。つまり、文章とは、「読者を説得するために、みずからの考えを表現、説明した複数の文」と言える。

(2)「説得する」とはどういうことか？

それでは、「説得する」とはどういうことなのか。再び国語辞典を引こう。『広辞苑』で「説得」の項を見ると、「よく話して納得させること」とある。『新明解』では、「自分の意志や主張を十分に話し(伝え)て相手に納得させること」とある。ここに、第5章の課題である「主張」が出てきた。主張する文章を書くには、相手を納得させることができなければならないのである。さらに少し読み進むと、「―力」という小項目がある。「説得力」という項目の意味である。そこには、「相手を説得するに足る、裏付けと話術」とある。ということは、主張する文章には「裏付け」が必要なのである。「裏付け」とは何か、各自、国語辞典で調べてみよう。ここでは、これを「主張の根拠・理由」としておく。

これまでのことを考え合わせて、「説得する」ことの意味を「自分とは反対の意見を持つ者に対して、その反論を封じ込める十分な根拠を示し

て、相手の気持ちを変える」と定義しておこう。

(3) 説得力のある文章を書くためには？

　主張する文章を書くためには、説得力のある文章を書く力が必要であることがわかった。また、説得するためには、相手の反論を封じ込める十分な根拠を示す必要があることもわかった。しかしながら、これだけでは具体的にどうしたらよいか、まったくわからない理工系学生も多いだろう。

　あなたにとって、非常に理解しやすい方法を提供してくれている参考文献がある。樋口裕一著『小論文これだけ！書き方医学・医療編』(東洋経済新報社）という書籍である。とにかく、「型」を身につけて、使いこなせるようになれば、説得力のある文章が書けると高らかにうたっているのである。「型」とは、数学や物理の公式のようなものである。しかも、その型（公式）は3種類だけである。さっそく身につけて、実際に応用する練習をしよう。なお、ここでは樋口の説明のごく一部しか紹介できない。ぜひ、この本を購入して読破し、理解を深めてほしい。

　① 主張とその根拠の示し方
　それでは、樋口式「型」(公式)を見てみよう。

樋口式 A 型
第一部　問われている事柄に対する答えをズバリ示す
第二部　その答えについて、そう思う根拠や具体例、対策などを説明する

樋口式 B 型
第一部　第二部で示す答えの根拠や具体例、そう考えるようになったきっかけなどを説明する
第二部　問われている事柄に対する答えを簡潔にまとめる

いきなり、2つの型（公式）を同時に示したが、これは順番が入れ替わっているだけで、本質的には同じものである。つまり「主張」と「説得」のための説明の組み合わせであり、どちらが先に来るかの違いである。以下に、樋口式A型とB型を用いた文章例を示すので、比較してもらいたい。

【樋口式A型の文章例】
宇宙開発は、必ずしも大企業や国家規模の資金および労働力を必要としない。
北海道の小さな町に、従業員20名ほどの町工場がある。創業当初は、もっぱら、重機の部品である特殊マグネットを製造した。自ら思考し製品開発できる人材育成のきっかけとしてロケット開発を始めた。機体には一般でも入手できる工業部品を使い、発射台も自前で作ることでコストを抑えた。社員一人一人が試行錯誤を繰り返し、ついにロケットの打ち上げを成功させた。

【樋口式B型の文章例】
北海道の小さな町に、従業員20名ほどの町工場がある。創業当初は、もっぱら、重機の部品である特殊マグネットを製造した。自ら思考し製品開発できる人材育成のきっかけとしてロケット開発を始めた。機体には一般でも入手できる工業部品を使い、発射台も自前で作ることでコストを抑えた。社員一人一人が試行錯誤を繰り返し、ついにロケットの打ち上げを成功させた。
宇宙開発は、必ずしも大企業や国家規模の資金および労働力を必要としない。

以上の文中では、「宇宙開発は、必ずしも大企業や国家規模の資金および労働力を必要としない」が主張であり、その根拠として町工場の例が挙げられている。樋口式A型は、読者に文章の主旨をより分かりやすく印象付けたい場合に適切である。また、樋口式B型は、どのよう

な状況下で、町工場による宇宙開発が可能であったかをより強調して述べたい場合に適切である。また、これらの型は、200〜300字程度の比較的短い文章を書く際に有用であると樋口は述べている。

② 反論を生かす主張の型
樋口式四部構成型
　樋口が提唱する3種類目の型(公式)は400字以上の文章を書く場合に適しているとされている。しかし、筆者は200字の場合にも十分使えると考える。むしろ、公式として身につける練習を積むためには200字で取り組んだほうが成果が上がるのではないかと考えている。この型の特色は、論理構成がしっかりしていることであり、字数の多少はそれほど大きな要因とはならないからである。それでは、どういう型(公式)であるかを紹介するが、オリジナルに若干の修正を加えている。この型の場合は4部構成になっている。①問題提起、②意見提示、③展開、④結論である。

　第一部　問題提起
　文章の冒頭で、自分が主張したいことについての問題提起をする。たとえば、「……は、……ではないだろうか」や「……は、はたして……と言えるのだろうか」という書き方をすればよい。比較的長い分量であれば、樋口が述べるように結論を書いても、自分の主張を明確にしてもよい。しかし、200字で書く場合には、以下の第四部と内容が重複してしまうため、問題提起にとどめておくほうがまとまりがよい。

　第二部　意見提示
　次に、「たしかに、……」のパターンを用いて、自分の主張への想定される反論を述べておく。声高に主張するのではなく、冷静に相手の意見への目配りがあることを示しておく。そして、その直後に「しかし……」のパターンで続ける。相手の反論を即座に否定する。反論を封じ

込めるのである。このとき、注意しておきたいのは、前半部分であまりに説得力のある反論を準備しないことである。要点は、否定することにある。否定しやすい反論にするのがコツである。

　第三部　展開
　その次に、自分の主張がいかに正しいかを説明する。このとき、「なぜなら……からである」のパターンを用いて、「しかし……」で相手の反論を否定した理由や根拠を述べることによって、主張を正当化する。説得するには、「裏付け」が必要と述べたが、ここで理由や根拠を述べることによって、説得力のある文章になるのである。

　第四部　結論
　最後に、全体を整理して、イエス・ノーを明確にする。「したがって、……」というパターンを用いるとよい。

　以上が型（公式）である。これを具体的な文章の例で見てみよう。まず、この型（公式）を使わずに、声高に自分の意見ばかりを強硬に主張している文章を示す。

> 大学への入学に知識の習得度を測る試験を課すのは絶対におかしい。大学は、高校レベルの学習を終えてさらに学びたい人のためにあるはずだ。高校までの知識量だけを基準に入学の可否を決めるのは、個人の学問的探究心や創造力を無視し学習機会を奪っているとしか言いようがない。知識量で学習者を選別するような入試のあり方は異常であり、このような大学の横暴は許すわけにはいかない。大学入試ではそのような試験は廃止すべきだ。

みなさんも過酷な受験勉強を経て、大学で念願の専門的な学問を学び始めている最中であろう。受験勉強中には「なぜこのような勉強をしなければならないのか」と感じたこともあるかもしれない。しかし、現在も一般入学試験として筆記試験を課したり、センター試験で一定以上の成績を要求している大学は多く、一朝一夕に入試方法を変更するのは難しい。そのうえ、このように個人の不満を前面に押し出して述べてしまっては、いち意見として顧みられることすらなくなる可能性もある。簡単に倒せない相手を一方向からのみ全力で押し続けてみても、結局倒せず、徒労に終わることになるのである。

　それでは、樋口式四部構成型を用いてこれを書き直してみる。言っていることはほとんど変わらないが、型(公式)に当てはめただけである。

> 大学入試に知識の習得度を測る試験は必要だろうか。たしかに、試験は入学者の学力を担保する役割がある。しかし、試験に合格したからといって、必ずしも大学教育に必要な能力があるとはいえない。なぜなら、そうした試験は予備知識の有無を測るに過ぎず、予備知識が不足していても、探究心や創造力の豊かさ次第で大学での学びを有意義なものにできるからである。したがって、大学入学には知識量を問う試験は不要であると考える。

　さて、どうであろうか。論調はおとなしくなったが、反対論者が考えそうな反論のひとつが示され、それが根拠を持って否定されており、説得力が増している。実際には、ほかにもいろいろと反論は出てくるだろう。しかし、反対論者としては、ここで否定された根拠を逆転して再否定しなければならなくなっているのである。この場合は、学習者に探究心や創造力がなくとも予備知識さえあれば大学教育が成り立つことを主張しなければならない。それはなかなか難しいことである。このように、相手の反論しようとする力をうまく利用するところに、この型の優れた特色がある。柔道や合気道などの武道を経験したことがある人なら、特

にわかりやすいだろう。「柔よく剛を制す」というが、その極意は相手の力をうまく利用して倒すことにある。

　それでは、この例がどのようにつくられたのか、プロセスを追うことにする。まず、樋口式四部構成型を次のように表してみる。

① A（Eに関する問題提起）
② たしかに、B（Eに対する反論）
③ しかし、C（Bの否定）
④ なぜなら、D（Cの理由・根拠）からである
⑤ したがって、E（主張）

１．結論を決める
　最初に考えるべきは、E、つまり主張であり、この文章の結論である。そこで、最初に次の文をつくる。
　　E＝「大学入学には知識量を問う試験は不要であると考える」
２．反論を考える
　　B＝「試験は入学者の学力を担保する役割がある」
３．上の反論を否定する
　　C＝「試験に合格したからといって、必ずしも大学教育に必要な能力があるとはいえない」
４．否定の根拠を考える
　　D＝「そうした試験は予備知識の有無を測るに過ぎず、予備知識が不足していても、探究心や創造力の豊かさ次第で大学での学びを有意義なものにできる」
５．論旨にふさわしい問題提起を考える
　　A＝「大学入試に知識の習得度を測る試験は必要だろうか」

　これを、型（公式）に当てはめればよいのである。以上のプロセスを普通の言葉遣いでは「下書き」と呼ぶ。当てはめることを「清書」と呼ぶ。

どんなときにも、いざとなったら、この形で主張できるようにしておきたい。実は、第5章のこれまでの部分でこの型（公式）を用いて論じている箇所がある。探してみよう。

　型（公式）に当てはめたら、以下のチェックポイントで推敲する。

「主張する文章」のチェックポイント
　① 指定された「型」を使用しているか？
　　（A）。たしかに、（B）。しかし、（C）。なぜなら（D）からである。したがって、（E）。
　② 論理的に整合性があるか？
　　1）問題提起に対する結論となっているか？ AとE
　　2）結論に対する反論になっているか？ BとE
　　3）「しかし」の前後が逆関係になっているか？ BとC
　　4）「なぜなら」のあとが根拠として成立しているか？ CとD
　　5）結論が成立しているか？ E
　③ 適切な日本語表現になっているか？

3．練習問題

　第2章の練習問題、課題1「海の漂流ゴミの影響が心配だ」の文章を読んで、あなたの主張を、樋口式四部構成型を用いて200字以内で書きなさい。

【解答例】
マイクロプラスチックのゴミを減らすにはどうしたらいいのだろうか。たしかに、各国がプラスチックゴミの回収や処理を適切に行えば、海

へのゴミの流出は防げる。しかし、回収や処理には限界がある。なぜなら、ゴミは年々増え続けており、ゴミ処理技術や回収能力は、それに追いつけるだけの速度で進歩してはいないからである。したがって、プラスチックという安易に廃棄できる素材に頼る生活自体をまず改めるべきである。

4．提出課題

配布される文章を読んで、賛成意見または反対意見を200字以内で主張しなさい。〔巻末ワークシート〕

5．第5章のポイントの復習

① 文章には説得力が必要である
② 説得力のある文章には、主張の根拠となる裏付けが必要である
③ ひとつの論理構成の「型」を身につければ、論理的に主張できる
④ 主張する文章に、感動や余韻は不要である。平凡でも論理性を重視せよ
⑤ 「柔よく剛を制す」。声高に自分の意見ばかりを主張すると逆効果である。読者の反論を意識せよ
⑥ 下書きをしてから清書せよ

引用参考文献

樋口裕一 (2015)『小論文これだけ！書き方医学・医療編』東洋経済新報社。

第6章　プレゼンテーションをしよう

　　　　　　　　　　　　　　　　　　　　　　　久保田英助

1. 第6章のナビゲーション・マップ

(1) 第6章の目的
　第6章の目的は、本テキストの第5章までに学習した日本語表現の基礎を土台にし、「説得力のある」話し方を身につけ、現代社会で強く求められているプレゼンテーション・スキルの向上を目指すことにある。

(2) 第6章のチャート（概要）
　①プレゼンテーションとは何か
　②プレゼンテーション・スキルとは
　③プレゼンテーションを準備する

(3) 第6章のポイント
　①伝わりやすい話し方を習得しよう
　②聞き手のことを思いやろう
　③プレゼンテーションの内容や構成の方法を学ぼう
　④事前準備をしっかり行おう

2．プレゼンテーション・スキルを向上させるには

(1) プレゼンテーション・スキルとは

　第5章では、主張する文章を書くことを学んだ。レポートや論文の質を高めるためには、繰り返し復習して文章力を磨こう。また、実際の社会生活では、自分の意見を主張する場合、文章を提示することばかりでなく、口頭で説明することも多い。その場合、「説得力のある文章」を書き、それを読み上げさえすれば、そのまま説得力のある「話し方」になるわけでは決してないことに注意しなければならない。「話し方」には「話し方」特有のテクニックがあるのである。

　何らかの資料を提示しながら自分の意見を主張することを、「プレゼンテーション」と言う。あらゆる領域で情報化が進んでいるこの社会では、私たちは膨大な「情報」に囲まれて生活している。このような社会を「情報化社会」と言う。そこでは押し寄せる情報の波に流されることなく、自分の考えをプレゼンテーションし、正しく理解してもらうことが、何にも増して重要となる。そのための力をコミュニケーション能力とも言うが、今日の社会においては、仕事の取引先や関係者とのコミュニケーションを強化していくことが、自分自身の社会生活を豊かにするために不可欠なのである。

　ところで情報は、コミュニケーション、すなわち話し手と聞き手の双方の「伝達」と「理解」というプロセスによって伝わるものである。しかし、ここでは特に「伝達」に着目したい。たとえ価値のある情報を数多く持っていたとしても、「伝達」の仕方が悪ければ、聞き手が理解する情報量は少なくなる。重要な情報を持っていて、それを熱心に説明したとしても、相手に伝わらなければ意味がない。大切なのは「伝達の効率」である。

「情報の内容」×「伝達の効率」＝「聞き手の理解の程度」
　　　　　プレゼンテーション・スキル

つまり、プレゼンテーションにおいて大切なのは、話し手が提示する情報の質や量というよりは、むしろ最終的に聞き手に理解された情報の質と量ということになる。

したがって、第6章では、聞き手に情報を効率よく伝達し、話し手と聞き手との間のコミュニケーションを豊かにするためのテクニック、すなわちプレゼンテーション・スキルを高めるための「コツ」をつかんでほしい。

ただし、プレゼンテーション・スキルを高めるためには、この章だけを学べばいいわけではない。第1章「わかりやすい文を書こう」、第2章「要約文を書こう」、第3章「手順の説明文を書こう」、第4章「データの説明文を書こう」、そして第5章「主張文を書こう」の各章で説明されている日本語表現の基本をしっかりと身につけておくことが不可欠である。加えて、補章でもプレゼンテーション資料の作り方に関して、参考資料の活用法が述べられているので、参照しよう。

(2) プレゼンテーション・スキル

では、どのようにしたら伝達が円滑になるのだろうか。プレゼンテーションにも技術(スキル)がある。これから説明する12のポイントをしっかりと理解し、記憶し、そして今後どのような状況においてもこれらの技術をフル活用するように心がけていれば、あなたのプレゼンテーション・スキルは間違いなく向上していくはずである。

なお、ここでは、藤沢晃治著『「分かりやすい説明」の技術』(講談社)などを参考にしているが、必要最低限の「これだけは！」というテクニックの紹介にとどめている。したがって、本章の内容をマスターしたのちに、さらに応用的なプレゼンテーション技術を習得したいという意欲があるのであれば、これらの本で学習するとよいだろう。

基本姿勢：聞き手を把握し、聞き手の関心を誘導しよう

プレゼンテーション・スキルを向上させようという場合、自分が話そうと思う内容を充実させることはもちろん重要だが、むしろ聞き手の何をどこまで把握し、それに合わせてどのように対応するか、ということが最大のポイントになる。「聞き手の関心をどうやって引きつけようか」、こうした姿勢で挑んでほしい。

そこで、まずは、話し手と聞き手とでは、その置かれている状況がまったく違うということを考えたい。その上で、どういう説明の仕方が効果的なのかについて説明していくことにしよう。

① 聞き手との「時間のズレ」を考慮しよう

まずは、話し手と聞き手とでは、情報の理解に対する準備態勢という点で、大きな違いがあるということを理解しておかなくてはならない。

ここで言うところのプレゼンテーションにおける「時間のズレ」とは、話し手が説明した時間と、聞き手がその説明を理解する時間との間にあるギャップのことを意味している。なお、『「分かりやすい説明」の技術』では、これを「タイムラグ」と呼んでいる。それでは、この「時間のズレ」とはいったい何なのか、具体的に示してみよう。

たとえば、客船で航行中、何らかのトラブルが発生し、乗務員であるあなたは早急に乗客を避難させなくてはならない、といった状況を想像してみてほしい。

乗客の多くは、災害の状況、客船の構造、避難経路、緊急時の注意事項など、ほとんど何も知らないに違いない。訓練されているあなたは、対処方法を即座に理解し、それにしたがって乗客を誘導しようとするだろう。しかし、乗客に今何をすべきか説明したとしても、その内容を正

確に理解し、即座に適切な対応をしてくれないこともあるはずである。最悪の場合は、逃げおくれる乗客が出てしまうかもしれない。

　あなた（船員）と乗客との違いはいったい何か。それは情報を頭で理解するための準備態勢が整っているかどうかという点、すなわち、持っている知識の量に大きな違いがあるという点である。実は、プレゼンテーションでの話し手と聞き手との間でも同じ状況になっている。

　プレゼンテーションを行うにあたって、あなたは自分が選んだテーマに関する数多くの資料・データ・研究などを調査し、分析するはずである。そうであれば、あなたが選択したテーマに関して、聞き手の誰よりも、そのテーマについて多くを考え、さまざまな知識を持っているはずである。

　一方、はじめてあなたの説明を聞く人は、あなたが伝えたい内容に関して、ほとんど知らないケースが多い。

　このように、話し手と聞き手とでは、そのテーマに関する理解の準備態勢、持っている知識の量がまったく異なっているのである。それでは、知識の量にこれほどの差があることで、どういう不具合が生じるのであろうか。すなわち、あなたが伝えた情報が、聞き手の頭の中できちんと整理されて理解されるまでに、ある程度の時間がかかってしまう。これこそが時間の「ズレ」にほかならない。

　では、この「ズレ」をなくすにはどうしたらいいのか。船舶での緊急事態の事例で言えば、乗客を落ち着かせるために今何をすべきかをゆっくりと説明することが重要であろう。説明する側も、焦って早口で説明してしまうと、聞き手は余計に混乱するばかりで、正確に理解させることが困難になるに違いない。聞き手が理解するのを待って、ゆっくりと説明する。つまり、理解するための時間をつくることが重要なのである。これはプレゼンテーションにおいても同じである。すなわち、何よりもまず、ゆっくりと話し、重要なポイントについての説明のあとには若干の間をあけるなどして、聞き手の理解を待つことが不可欠なのである。

② 全体像を提示しよう

　しかし、「ゆっくりと説明する」ことは消極的な技術である。危険が間近に迫っている場合には、そんな悠長なことを言っている余裕はないかもしれない。では、どうしたらいいのか。事前に緊急事態における避難の概要を連絡しておくなど、乗客の行動がスムーズになるための準備作業をしておくといった積極的な対応が不可欠であろう。ところで、緊急時における対処法の概要を与えておくと、なぜ緊急時であっても比較的スムーズに説明の内容を理解させることができるのであろうか。経験したことのない事態に出くわすと、何が起きているのか、それはどれくらいの規模のものか、自分は何をすべきかなど、色々なことが頭の中で渦巻き、情報の整理に失敗して混乱してしまうのである。したがって、そうした事態を想定して、事前に予備知識を与えておけば、聞き手はその知識にもとづいて情報を整理することができる。理解のスピードが格段に上がるというわけである。

　プレゼンテーションでも同様のことをすればいい。最初に、避難マニュアルのような予備知識を与え、理解すべきことの全体像を示しておくのである。なお、全体像とは「概要」のことである。「まず概要を話す」ということは、プレゼンテーション・スキルの中でも基本中の基本であると言っても過言ではない。

> ※「概要を話す」例
> 本日、これからあなたにお話しすることは、「プレゼンテーション・スキル」の基礎です。社会人には絶対に必要なものですから、注意して聞いてください。

　たとえば、いきなり12のスキルを一挙に説明してから、最後に以上のような概要を話すのと、最初に概要を話してから細かいスキルを順に説明していくのとでは、どちらがわかりやすいか考えてみてほしい。こ

れは何の説明で、どれくらい大切か理解しないまま細かい説明を聞き、最後の説明で「ああ、これはプレゼンテーション・スキルの解説で、とても大切なことだったんだ」と気づくのと、最初に説明の概要とその重要性を知ってから、細かいスキルを学んでいくのとでは、理解の程度が違ってくるのは当然であろう。

③ 間をとりながら強弱をつけて話そう

①で「ゆっくりと話す」ことの重要性を説明したが、ただ「ゆっくり」であればいいわけではない。「間をとりながら強弱をつけて」ゆっくりと、である。なお、『「分かりやすい説明」の技術』では「しみいるように」と表現しているが、それだけでは足りない。時には熱を込めて、なかば強引に関心を引きつけることも必要である。

音楽というものを考えてみると、その始まりから終わりまで、ひとつの連続した旋律で構成されているわけではない。その中に多くの「間」があることは知っているだろう。なぜ間があるかと言えば、その時間を利用して、そこまでのメロディーを聞き手の心にしっとりと「しみいらせる」ためである。また、音の強弱についても一定ではない。盛り上がる部分では迫力ある音が奏でられる一方で、静かにゆっくりと進んでいく部分もある。

これと同じように、「間をとりながら強弱をつけて」話すというのは、ある一定の情報を話したら、少しだけ時間をおき、聞き手の理解を待つということを意味する。ポイントとポイントの間で、聞き手の情報処理が終わるまで「間」を置き、次の情報を提示することを少しの時間だけ控える。何よりも強調したいポイントの部分では、特に熱く語りかけるように心がけてほしい。そしてそのあと、少し待つのである。

早口はもちろんダメだが、だらだらと切れ目なく話すこともダメである。ただし、やたらと間を置けばいいというわけではない。時間は限られている。次の３つのポイントを意識しながら、説明のどの部分に間を

置くべきか、時間配分に気をつけて考えてみてほしい。

・説明の区切りごとに間をとろう
・重要なことを話した後に間をとろう
・難しいことを話す場合は間を多めに使おう

④ 声は大きく、聞き取りやすく

　声を大きく、聞き取りやすくすることは、あまりにもわかりきったポイントではあるものの、意識していないと案外忘れがちである。声を腹のあたりから大きく出し、はっきりと聞きやすい声で話すように心がけること。どうしても人前で話すことが苦手な人もいるだろう。しかし、それを自分の性格だからとあきらめてはいけない。声が小さくて、自分の説明が相手に正確に伝わらないと、信じられないミスにつながるおそれがある。特に船舶実習を行うあなたにとっては、機械音や波音などに飲み込まれないように大きな声で連絡事項を伝達しないと、重要な情報の共有に失敗し、重大な事故につながるおそれがあるので、注意してほしい。声の大きさには個人差があるが、聞き取りやすいかどうかは声の大きさだけではない。言葉の一言ひとことを正確にはっきりと発音するように心がけていれば、ある程度の改善は望めるだろう。また、先にも指摘したが、早口にならないことも重要である。ゆっくりと「間をとりながら強弱をつけて」話すよう、繰り返し練習すること。

⑤ 聞き手にあった説明をしよう

　先ほどの客船の例で言えば、聞き手が女性、子ども、身体の不自由なお年寄りなのか、船での旅行に慣れている男性なのかなど、説明する相手が違えば、話す内容も違ってくる。
　プレゼンテーションの準備をするにあたっても、聞き手が誰かを事前に把握するという基本作業を欠かすことはできない。聞き手が、主婦、

高校生、新人サラリーマン、中年サラリーマン、専門研究者などと異なれば、それにあわせて説明の内容の程度や、進め方などの点で工夫する点が違うのは当然のことであろう。

　事前に聞き手の人物像を頭に入れておくと、準備したプレゼンテーションをチェックするときに、正確に見直しすることができる。専門研究者であれば、難解な専門用語をそのまま使ってもすんなり説明できるかもしれないが、聞き手が高校生であれば、その用語の意味を簡単な言葉を使っていねいに説明しなければならないだろう。逆に、聞き手が専門研究者の場合では、当たり前の基本用語の説明に時間を費やしてしまうと印象が悪くなる。そういったチェックができる。

　⑥　説明もれを防ごう
　聞き手をしっかりと意識していないと、「この情報は聞き手もすでに知っているだろう」と思い込んでしまうことも多い。自分にとってあまりにも当然なことであるため、聞き手が知らないにもかかわらず、聞き手も自分と同じように知っているだろうと誤解し、説明を省略してしまうのである。

　省略してはいけない説明を省略してしまうことは、絶対に避けなければならない。しかし逆に、説明を省けるのにわざわざ時間をかけて話してしまうことも、決していい説明とは言えない。わかりにくい説明になるのは、必要な説明を省いてしまった場合であるが、わかりきったことを説明してしまうのも時間の無駄づかいで、上手な説明とは言えない。

　説明もれがないか。過剰な説明をしている箇所はないか、必ず事前にチェックしておこう。第三者に自分のプレゼンテーションを前もって聞いてもらい、こうした点に注意してチェックをしてもらうとよい。さらに、想像力を働かせて、自分自身がはじめてその説明を聞く人の気持ちになって、見直してみることも必要である。

⑦ 反応を見ながら話そう

プレゼンテーションには、聞き手を「説得」するという目的があるが、必ずしも最初は、あなたの主張を「そのとおりだ」と聞き手は思ってくれないかもしれない。話し手は、船員のリーダーのように、船舶の場を取り仕切る存在であると言える。その場合、説得

とは「自分の意図どおりに理解してもらい、そのとおりに動いてもらうこと」ということになる。聞き手の意識を一定の方向に誘導していこうという明確な意図と戦略を持って説得しなければ、聞き手はしたがってくれないだろう。

では、どうしたら「説得力」のある話し方になるのであろうか。その最大のポイントは相手を見ながら話しているかどうか、である。具体的には、相手の反応や表情を常に意識することで聞き手は何を知りたがっているのかをチェックし、その期待に応えるような説明をすることである。しかし、それはそう簡単にできることではないだろう。

したがって、ここでは聞き手の意識を、簡単な方法で自分の意図する方向に導いていくための戦略を2つ紹介しよう。ひとつは、「聞き手に対して質問する」ことであり、もうひとつは「まとめ言葉を使う」ことである。

a. 聞き手に質問しよう

聞き手に質問を投げかけたり、問いかけたりすることは、説明した内容を確実に理解させる上で、非常に有効な手段となる。

では、どのタイミングで質問すると有効なのか。一般的に、質問のタイミングには、説明の「前」と「後」との2種類があり、それぞれ効果が異なる。

比較的よく使われるのは「後」の質問であろう。学校の先生や塾の講師などは、何らかの情報を伝達した「後」でその内容について生徒に質問する。そこには、教えた内容を確認し、復習し、まとめる効果があるからである。

しかし、プレゼンテーションにおいて重要になってくるのは、「後」の質問ではなく、「前」の質問である。

「前」の質問とはいうものの、いったいどのような説明の「前」で質問すべきなのか。もちろん、どのような質問でもいいわけではない。やはり「キーポイントの前」で質問するのが効果的である。キーポイントの前で聞き手に問いかけ、そのキーポイントを強調し、聞き手の注意をそこに引きつけるのである。

> ※「前」の質問の例
> なぜ、理工系学生にもプレゼンテーション・スキルが重要なのだと思いますか？

こうした問いかけを行うことで、「次に、この質問の答えを説明しますので、注目してください」ということを暗示しているのに気づくに違いないだろう。

説明を聞いているとき、聞き手はそれを理解しようと頭を懸命に動かして考えている。しかし、時には理解することに失敗し、情報を取りこぼしてしまうこともある。どのような授業であれ、先生の説明してくれた内容をすべて理解し、記憶することができるような学生はまずいない。もちろん、テーマの本質とあまり関係のない小さな情報を取りこぼしたとしてもそれほど問題はないだろう。しかし、根幹にかかわってくるような情報は、何が何でも正しく理解され、記憶されなければならない。どのような授業においても「これだけは知っておくべき」という情報と、そうではない情報とがあるものである。少なくとも重要な情報だ

けは、正しく効果的に伝えたいという場合に、「前」に質問するというテクニックを使うとよい。質問をすることで、聞き手の注意をその部分に引きつけ、次に出てくる重要な情報に集中させるのである。

さらに、「前」の質問が持つ効果には、「次に重要な説明が来る」ということを強調するということだけではなく、これからの話の「概要」を説明するという効果もある。たとえば、「なぜ、理工系学生にもプレゼンテーション・スキルが重要なのだと思いますか？」という質問は「それでは次に、理工系学生にとってのプレゼンテーション・スキルの重要性について解説しましょう」と言っているのと同じ効果がある。

何よりもまず、プレゼンテーション全体の概要を説明することが重要であると書いたが、そのことは、各々の部分でも同様である。各部分の説明の最初に、その部分の概要を説明するということである。その場合、こうした質問という形式で概要を説明すると、効果的であろう。

このように、「前」の質問は、「次に重要な説明が来ることの暗示」と「次に出される情報の概要説明」という２つの役割によって、聞き手の理解を格段にスムーズにすることができるのである。

ただし、質問をあまりに多用してしまうと、その効果が薄まってしまう。ある程度キーポイントを絞って活用するようにすることが大切である。こうした点についても、事前に第三者にチェックしてもらうといいだろう。

b.「まとめ言葉」を使おう

話し手からの情報は、聞き手の頭に取り入れられ、分析され、そして理解されるが、理解を最後に後押しするのが「まとめ言葉」である。

たとえば、「要するに……」「何が言いたいのかというと……」「つまり……」「結局……」などの言葉である。もし、意味がはっきりつかめなかったとしても、これらのまとめ言葉によって、聞き手は理解の方向性が固まり、納得させることができるのである。

⑧ 具体的な説明ばかりをしないようにしよう

　これまで、概要説明の重要性について繰り返し説明してきた。それでは、情報の細部にまで踏み込む詳細な説明と、この概要説明とのバランスはどのようにとっていけばいいのであろうか。

　ある事柄を調査し、分析する場合は、どこまでも細部にわたって緻密な作業が求められる。特に理工系であればなおさらであろう。しかし、プレゼンテーションにおいては、調べたすべてのことを細かく話さなければならない、というわけではない。やたらと詳細な説明に時間をかけてしまい、いちばん伝えなければならないはずの核心部分にかかわる説明が、ほんのわずかしか触れられていないようなプレゼンテーションを見かけることがあるが、これではダメである（ある一定の限られた時間、たとえば5分ならば5分で、聞き手を引きつけるような情報をプレゼンテーションしなければならない）。

　一方、まったく逆のタイプのプレゼンテーションも多い。すなわち、非常に大雑把な説明だけをしてしまっているのである。たしかに、少ない時間で大きな内容を話すことはできるだろうが、大雑把すぎてテーマに関する情報量が貧弱すぎ、その話を聞いただけでは、ぼんやりとしか理解することはできない。

　これらの弱点は、具体的な説明と、抽象的な説明のどちらかにかたよりすぎているということにある。ただし、抽象的という言葉のほうが嫌われがちで、実際に「もっと具体的に説明しなさい」と注意されたことがあるのではないだろうか。逆に「具体的すぎる」とか、「くわしすぎる」とかいった内容の批判を受けたことはあるだろうか。おそらくはないであろう。このように、「具体」は善、「抽象」は悪というのが一般的な印象となっている。

　抽象性の特徴は、「指し示す範囲が不確定である」という点にある。日常生活の中では、範囲が確定しない悪い抽象性を含んだ説明で満ちあ

ふれている。「こんどの新しい携帯プランは、すごくお得ですよ」(どれほど、どのように得になるのか？)、「たくさんの人が被害に遭いました」(10人？100人？1000人？)など、いくらでも目にすることができる。

しかし、抽象的な説明のすべてが悪いものではない。実はここにプレゼンテーションにおける重要なポイントがある。抽象的な説明を上手に活用することによって、そのプレゼンテーションの内容をさらにふくらませることができるのである。

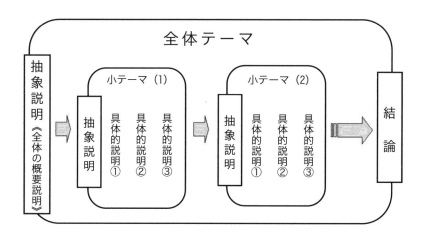

ものごとを理解するには基本的に次の2つの視点が不可欠である。それは「部分」と「全体」である。どちらにかたよっていても、ものごとを正確に理解できたということにはならない。そして、この「部分」と「全体」は、「具体性」と「抽象性」とに関係するすなわち、「部分」を説明するには具体的な説明が必要であり、一方「全体」を理解するためには抽象的な説明が必要

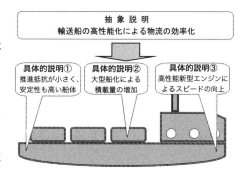

ということである。そして、この「全体」こそが、これまでに繰り返し述べている「概要」にほかならないのである。

　詳細な「部分」ばかりを見ていたら、全体を見渡せないだろう。そこで、ときどき「全体」を提示しなければならない。「部分」と「全体」とを上手におりまぜながら説明を進めていくようにしよう。そのためには、説明したいことの「全体」＝概要を短い言葉で説明できるようにしておかなければならない。話したいことを「要約する」技術を磨いておこう。

　⑨　聞き手が知っている事例や比喩を使おう

　誰でも知っている事例にたとえて説明すると、「なるほど。ああ、そういうことか」と理解させやすくなる。

　その場合、具体的な事例だけではなく、誰でもよく知っているような比喩を利用することも有効であろう。比喩とは、一見すると関係のないような事柄でも、その本質部分においては同じであるのを示すことである。

　これらは、概要説明を行うに場合に、特に有効なスキルとなる。すなわち、「これから私が説明しようとしていることは、あなたがすでに知っているあの事例と同じですよ」「世間でよく言われている、あの比喩と同じことを言いたいのですよ」というように、聞き手の立場からわかりやすく概要を説明することができるのである。

　比喩を使いこなせるようにするには、格言やことわざを普段から仕入れておき、いつでも使えるように慣れておくことが不可欠であろう。

　⑩　論理的に主張しよう

　一方、筋道を立てながら具体的な説明を進めていくためには、その内容をどこまでも「論理的」なものにしなくてはならない。論理的でなければ、根拠のない説明ということになってしまうからである。

　プレゼンテーションをできるだけ論理的なものにするためには、準備

した資料をチェックしながら、リハーサルを繰り返さなければならない。その際、聞き手がどう反応するかを想像しながら「こう反論してきたら、こう説明する」というように考えてみることである。実際のプレゼンテーションでは、その場で聞き手が反論することは多くはないが、黙って聞いているようで、実はけっこう批判的に聞いているものである。そういう聞き手の批判をイメージして、論理をととのえていかなければならないのである。

⑪ 提示物は字を大きく読みやすく

プレゼンテーションでは、選挙演説のようにただ自分の主張を自分の声で説明するだけではなく、パソコンのプレゼンテーションソフトなど

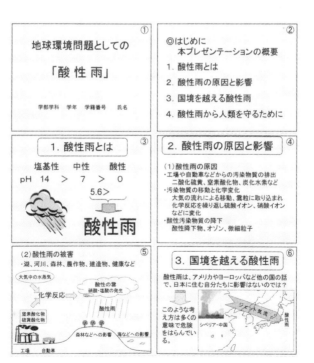

学生が実際に作成した提示物（ただし学籍番号と名前は伏せた）

を使用し、強調ポイントを短くまとめた文章でわかりやすく示し、図表や写真などを用いて視覚的に訴えることも重要なテクニックのひとつとなってくる。第4章「データの説明文を書こう」で学んだ内容を生かしてほしい。

　しかしその際、ひとつの提示物の中に、やたらと細かい情報をごちゃごちゃと入れ込み、会場の隅からよく見えないようなものを提示してはいけない。また、複雑すぎる図表が示され、その内容をほとんど理解できないような場合もある。ひとつの提示物を示す時間は、実際にはかなり短いということを踏まえ、ひと目でそれが何を意味しているのかわかるようなものにすべきである。提示物には、読みやすい字の大きさ、はっきりとわかりやすく複雑すぎない図やグラフ、鮮明な写真を用いるように心がけることが大切である。

　プレゼンテーションの善し悪しは、提示物の質によっても大きく左右される。わかりやすく、見やすく、斬新で興味深い資料を提示することで、説得力がぐっと増すであろう。ただし、あまりに見た目に懲りすぎてしまい、字体（フォント）や色使いなどを奇抜なものにしてしまうと、逆効果になる。

　以上のポイントは、事前に第三者にチェックしてもらうことで改善することが可能である。練習の際には、かならず提示物も用意しておくことが必要である。

⑫　時間配分は適切に

　プレゼンテーションを行う場合、設定された開始時刻と終了時刻を守ることは、最低限の義務である。正確に時間を計り、実際に声に出して練習しておこう。なお、声を出すのと、出さないのとでは、話すスピードが大きく異なるので注意すること。決められた時間を1秒でも超過した場合、その時点でプレゼンテーションを強制的に打ち切られるということも多い。自分の主張が最も濃厚な「結論」部分を、しっかり説明す

ることができなかったとしたら、そのプレゼンテーションの評価は一挙に落ちてしまう。

　事前に声に出して練習してみたとき、大幅に時間を超えていたらどうすればいいか。もっとスピードアップして話せばよい、というわけにはいかない。ゆっくりと、間をとりながら、強弱をつけて話さなければ説得力のあるプレゼンテーションにはならないことは、すでに理解できているはずである。その場合には、不必要な部分をカットしたり、ある部分を短くしたりしなければならない。まず、自分の主張したい内容の根幹にそれほどかかわってはこない部分を、カットしスリム化する。次に、そうした部分をカットしても、まだ時間がオーバーしているようであれば、「要約」する。説明が詳細すぎるところはないだろうか。もう少し簡単にまとめても十分に聞き手に伝わるような部分はないだろうか。そうした部分をまとめることによって、時間の短縮を図るのである。

　逆に、プレゼンテーションの時間が短かったとしたら、説得力の足りない部分や弱い部分を探し出し、それを補強するような説明や資料をつけ加え、時間を調整することが必要である。

3．練習問題—プレゼンテーションを作成しよう

(1) プレゼンテーションの準備

　プレゼンテーションの準備作業は以下のとおりである。
　　① プレゼンテーションのテーマを決める
　　② アウトラインをつくる
　　　a. タイトル

b. 主張の概要を示す（目的）序論
　　　c. 主張の本体をつくる
　　　d. 結論を確定する
　③ リハーサルをする
　　　a. 1人で時間を計りつつ練習を繰り返す
　　　b. 第三者にチェックをしてもらう
　　　　□ 流れは適切か
　　　　□ スライドの枚数は適当か
　　　　□ 適宜、グラフなどを入れているか
　　　　□ 論理的な説明になっているか

(2) グループ練習

　自宅でリハーサルを繰り返したあとは、授業のグループワークで、お互いのプレゼンテーションをチェックする作業を行う。

　プレゼンテーションがうまい人にはひとつの共通点がある。それは、「他の人のプレゼンテーションを見たときに、それに対してよい点・悪い点が具体的にいくつも的確に指摘できる」ということである。すなわち、他人のプレゼンテーションをしっかりと見る目を持っているということでもある。これは、他人のプレゼンテーションから自分に使えるポイントを具体的なレベルで読み取り、吸収することができるということを意味している。

　そのまた逆もまたしかりである。「人のふり見てわがふり直せ」という言葉があるように、他人のプレゼンテーションから、自分の弱点にも気づかなければならない。

　なお、グループワークには巻末のワークシートを用い、それぞれのプレゼンテーションのよい部分や悪い部分を、これまでに示したスキルの有無の観点から指摘すること。そして、複数のプレゼンテーションを見くらべ、それぞれの長所・短所をはっきりとさせる。そして、みずからのプレゼン

テーションに対する評価を検討し、どう改良するか考えてほしい。

4．課題プレゼンテーション

(1) テーマ「大学の授業で学んだこと」
　プレゼンテーションのテーマは、「これまでに大学の授業で学んだこと」で最も興味を持ったことにしよう。
　なぜ、このテーマなのか。それは、この授業を通じて日本語表現技術を高め、説得のある話し方ができるようになるだけではなく、最後の仕上げとしてプレゼンテーションを準備する過程で、学問に対する自分自身の興味や、大学でこれから主体的に学んでいきたいことを見つけてほしいからである。
　あなたは何らかの目標を持って大学へと進学し、そして今日までの間、授業でさまざまなことについて学んできたはずである。そうした大学での「学び」の中で、あなたが興味を持ったものはどれだけあるだろうか。「興味は才能の芽である」という言葉があるように、多くのことに興味を持つことこそが学びの原動力になるのであり、充実した大学生活を送るために不可欠なのである。何かしら興味を持ったものがあるはずである。それをぼんやりと放置しておくことはもったいないので、この機会に整理しておくとよいだろう。そして、その興味を大切にし、それをさらに深く追求していってほしい。

(2) ルール
　① 発表時間は1人5分間に限定する。短すぎることも、長すぎることも、大幅な減点対象となる。プラス・マイナス15秒以内で調整すること。
　② プレゼンテーションをする相手は、「日本語表現法」同クラスの学

生と教員である。彼らの持つ知識の量などを推測し、それに見合ったわかりやすい説明にすること。誰でもよく知っているようなテーマにすれば、それだけ準備しやすく、聞き手にも説明がしやすくなるかもしれないが、準備不足なプレゼンテーションの場合には、出来の悪さが歴然としてしまうという弱点もある。

③ 5分間に合ったトピックを選択する。ただし、「日本語表現法」は除く。

④ 提示資料を準備する。書画カメラで資料をスクリーンに投影する。
・A5判の紙に準備
・ワープロソフト、プレゼンテーションソフトなどを用いる

⑤ 5分間で話すための読み上げ原稿を別に準備する。ただし、本番では、読み上げ原稿はできるだけ見ないようにすること。講師がずっと下を向いたままぼそぼそしゃべるような授業を思い起こしてみれば、その理由がわかるだろう。したがって、「話す内容」と「見せる内容」をよく考えること。

(3) 評価のポイント

評価は、2名の教員によって別々の観点から行う。

① 評価者A：技術的評価10項目×5点＝50点
以下の10項目の評価基準にしたがって客観的に評価する。
◆導入
1．聞き手との時間のズレを考慮していたか？
2．全体像の提示は適切だったか？
◆プレゼンテーション・スキル
3．声は大きく、聞き取りやすかったか？
4．提示物は字が大きく読みやすかったか？
5．間をとりながら強弱をつけて話していたか？

6．聞き手の反応を見ながら話していたか？
　　7．時間配分は適切だったか？
◆総合評価
　　8．聞き手にあった説明をしていたか？
　　9．説明はわかりやすかったか？
　　10．全体の出来ばえを5段階で評価すると？

②評価者B：主観的評価50点
　以上のポイントのほかにも、プレゼンテーションの良し悪しが決まってくるようなところもあるだろう。それは話し手のキャラクターかもしれないし、テーマの内容そのものから来るものかもしれない。それは基準として明確に設定することができない部分だと言える。そうした箇所を含め、全体を評価者の観点から主観的に評価する。

5．第6章のポイントの復習

〈よいプレゼンテーションにするためのポイント〉
①伝わりやすい話し方
　　○ゆっくりと話すよう心掛けること
　　○間をとりながら強弱をつけて話すこと
　　○声は大きく、はっきりと話すこと
②聞き手への思いやり
　　○聞き手に合わせた説明の内容を考えること
　　○聞き手も知っていると思い込まず、説明もれをなくすこと
　　○聞き手が知っている事例や比喩を使って説明すること
　　○聞き手の反応を見ながら話すこと
　　　・聞き手に対して質問する

    ・「まとめ言葉」を使う
③プレゼンテーションの内容や構成
　〇最初に概要を説明すること
　〇具体的説明と抽象的説明をバランスよく行うこと
　〇論理的な主張をすること
④事前準備
　〇掲示物は字を大きく読みやすくすること
　〇時間配分を適切に調整すること
　〇事前にリハーサルを行い、第三者にチェックしてもらうこと

引用参考文献

藤沢晃治 (2002)『「分かりやすい説明」の技術』講談社。
諏訪邦夫 (2005)『理系のための上手な発表術』講談社。
R. H. R. アンホルト (鈴木炎ほか訳) (2008)『理系のための口頭発表術―聴衆を魅了する20の原則』講談社。
平林純 (2009)『論理的にプレゼンする技術―聴き手の記憶に残る話し方の極意』ソフトバンククリエイティブ。

補　章　文章を書くルールを知ろう
——引用の方法、注と文献リストの作り方

鴨川　明子

1. 補章のナビゲーション・マップ

(1) 補章の目的
　補章では、文章を書く上でのルールを学ぶ。ルールの中でも、自らの主張を支えるために、既にある文章やデータを適切に引用する方法と注や文献リストの作り方を習得しよう。

(2) 補章のチャート（概要）
　① 文章を書くルール
　② 引用とは何か？　なぜ、引用力を鍛えるか？
　③ 引用する前提―著作権の考え方―
　④ 引用の種類―「直接引用」と要約引用―
　⑤ 引用の方法―括弧方式と注方式―
　⑥ 注の種類とつけ方
　⑦ 文献リスト（ビブリオグラフィー）の作り方

(3) 補章のポイント
　①著作権が何かを学び、著作権侵害や剽窃を避ける
　②出所では、著者名、出版年、ページ数の３点セットを明記
　③直接引用は一字一句間違えないよう正確に書き写す
　④要約引用は原文の文意を変えないよう心がける
　⑤出所の表記方法には括弧方式と注方式の２種類ある
　⑥注には脚注と後注／文末注の２種類ある
　⑦文献リストの質は論文の質をも左右する

2.文章を書くルール

　本書の終盤にさしかかり、初年次学生のあなたも、小さなレポートを書いたりゼミなどで発表したりする機会が増えてきたはずだ。学期末のまとまったレポートの課題を抱えている人もいるだろう。いよいよここまで学んできた日本語表現法を実際に用いる段階に来ている。キラリと光る小さな気づきにたどり着くまでに、いかに多くの先行研究を読みそれらを適切に交通整理できているか。あるいは、あなたが自ら実験を繰り返した結果をルールにのっとり的確に表現することができているか。さらに、文章を書く上でのルールを学び理解し効果的に成果を発表することはできているか。今一度問い直してみよう。

3.引用とは何か？　なぜ、引用力を鍛えるか？

(1) 引用する前提―著作権の考え方―

　レポートを書いたり発表したりする時に、「どこまでがあなたの意見か」と、先生や先輩に質問されたことはないだろうか。「どこからが他人の意見か」と詰問された経験を持つ人もいるかもしれない。それらの質問に答えるためには、引用のルールを知るとともに「引用力」を鍛える必要がある。

　引用とは、他者の知見を「引いてきて用いる」方法である。第2章で述べた通り、引用する方法には2種類ある。自らが興味あるテーマを既に論述している本や論文から、よい箇所を一字一句違わず抜き取る方法(直接引用)と、論文やレポートに与えられた紙幅の都合から、ある程度要約してから引用する方法(要約引用)である。

　では、なぜ引用する必要があるのだろうか。引用する理由には2つある。第一に、引用することによって自ら主張したい事柄に説得力を増す

ため、第二に、自らの主張と他者の主張とを分け著作権侵害や剽窃を避けるためである。

　どのように引用すればよいだろうか。さきほどまで読んでいた本の内容を知らず知らずのうちに写してしまいその出所を明記していなかったとしたら、それはある種の「違法」行為になる。最近、大学によっては剽窃や盗用は停学処分の対象にされるケースも出ている。引用箇所を括弧にくくるなどして出所を明記することが、何より重要な引用のルールである。ただし、日本では、引用の書き方に欧米ほどに明確な基準が存在しない。専門とする学問分野や領域で一般的に用いられる基準や方法を知り、最初から最後までその方法で統一することが肝要である。

(2) インターネットからの引用とプレゼンテーションソフトにおける引用

　レポートや論文において、ルールに則りながら適切に引用できるようになったとする。その際、意外に見落とされがちで気を付けておきたいのが次の２つの場合である。一つはインターネットからの引用、もう一つはプレゼンテーションソフトにおける引用である。

　最近では学生のレポートや発表のもとになる資料の大半が、インターネットからの引用に基づく場合が多い。その際、もっとも注意が必要なのは、出所となるインターネットのサイトが信用に値するか否かという点だ。誰でも書き込むことができるのがインターネットの特性であるとするならば、裏を返せば、インターネットからの情報が信用に足る内容か否かのチェックも自ずと甘くなってしまいがちだ。インターネットから資料を引用するときには、その資料が信頼に足るものかを疑う目を持ち出所を吟味してほしい。できれば、インターネット資料の元になっている資料にまで自らの目や足でたどり着けば確実だ。

　次に、プレゼンテーションソフトによる発表資料における引用である。どういうわけか、初年次学生のプレゼンテーションソフトによる発表資料には、出所の明記がなかったり不十分であったりする場合が少なくな

い。レポートや論文と同様に、プレゼンテーションソフトによる発表も公の場所での発表という点にかわりはない。そのため、ぜひとも適切な引用を心がけてほしい。他人の意見を参考にする際には、あたかも自らの意見のように出所を明らかにせずに述べるのではなく、どこからが自らの意見かという境目を明らかにしながら発表することを心がけたい。

　以下、引用の種類と方法、文献リストのつくり方と注の書き方の一例を学ぼう。

4．引用の種類とその方法

(1) 引用の種類─直接引用と要約引用─

　引用の種類には2種類ある。一つは、直接引用[i]で、もう一つは、要約引用である。直接引用とは、原文を一字一句違うことなく書き写しながら引用する方法である。一方、要約引用とは、いくつかの先行文献の意見を要約しながらまとめて引用する方法である。

　一般的に、理工系の論文は人文・社会科学系の論文とは異なり、先行研究から一字一句違わず引用することは稀である。理工系の論文では、既に発見された事実や提唱された理論や新技術の内容を適切に要約した上で引用する力、すなわち要約力と引用力が同時に求められるのである。

(2) 引用の方法─括弧方式と注方式─

　引用の具体的な方法を見ていきたい。直接引用する際の注意点は、該当する語句や文等をカギ括弧でくくる点にある。その際、一字一句間違えないように正確に書き写す必要がある。一般的に、引用したい箇所が3行以上にわたる場合は直接引用にする場合が多い。だからといって引用しすぎるのもあまりよくない。たとえば、ページのすべてがカギ括弧でくくられた直接引用で占められる文章を書くなどという長文の引用は

避けなければならない。

　一方、引用したい箇所が多箇所にわたる場合や分量が多い場合には、要約引用を選択するとよい。要約引用する場合は、原文の文意を変えないように心がけることが最も重要である。また、どこからが他者の主張で、どこからが自らの主張かを分けなければならない。そのために、「○○によると」と原著者の名前を明記したり、「指摘される」や「述べられる」という引用時によく用いられる述語を用いたりするとよい。基本的には、第２章で学んだ要約文の書き方と同じ注意点を守ろう。

　さらに、引用は表記方法に応じて括弧方式か注方式をとる。引用してきた箇所の出所を括弧方式で明記する場合、次のように丸括弧内に（著者名、出版年、ページ数の３点セット）を記す。表記の方法は様々あるので、自らの専門分野や専門領域で一般的とされる表記方法は何かを確認しておこう。

　以下は、①括弧方式と②注方式の引用例である。
　①括弧方式の引用
　（著者名＋出版年＋ページ数の３点セット）を丸括弧に入れた後に、文末・巻末に文献リストを掲載することが多い。文献リストの作成方法は後述する。直接引用と要約引用を用いた括弧方式の例をそれぞれ見てみよう。なお、一般的に原著書の情報はマル括弧に、引用文はカギ括弧でくくることが多い。

　直接引用例文 —重要な語句の説明に用いる場合
　近年、特に注目されているフィールドワークに民族誌的フィールドワークがある。民族誌的フィールドワークとは、「現場の社会生活に密着して調査を進める参与観察型」のフィールドワークである（佐藤 2006, p.22）。本研究では、海洋における民族誌的フィールドワークの可能性を探る。

補　章　文章を書くルールを知ろう　111

要約引用例文―先行研究を踏まえて、実証的・応用的に検討する場合
　佐藤(2006)は、近年特に注目されているフィールドワークには民族誌的フィールドワークがあると指摘し、その意義と課題を論じている(p.22)。(中略)本論文では、佐藤が示した意義と課題について、海洋におけるフィールドワークの事例をもとに実証的に検討することを目的とする。

　②注方式の引用
　注方式の場合は文献情報のほとんどすべてを注に載せる。注方式をとる場合も、文末に文献リストを載せてもよい。以下の例文と、章末の注を合わせて見てみよう。

要約引用例文―先行研究を批判的に検討し、新たな課題を示す場合
　近年民族誌的フィールドワークが注目されており、その意義を指摘する先行研究もある[ii]。しかしながら、本論文は民族誌的フィールドワークの意義を批判的に検討し、その課題を示すことを目的とする。その際、海洋における事例を用いることとする。

(3) 注の種類とつけ方
　注には、脚注と後注／文末注の2種類ある。脚注(footnote)は、本文で注をつけた各ページの末尾に注をつける方法であり、後注／文末注(endnote)は、本文全体の末尾に注をまとめて示す方法である。
　注には、語句等を説明する機能と、引用に関する文献情報を載せる機能などがある。引用した原著書の文献情報を載せる機能は上述した通りである。注では本文で書くほどではないが、人によっては定義が異なると考えられるような語句を取り上げ説明する。注と引用のつけ方、文献リストの作り方については、章末に挙げる文献等も参照されたい。

(4) 文献リスト（ビブリオグラフィー）のつくり方

　レポートや論文であれ、プレゼンテーションソフトによる発表であれ、レポート・論文や発表の最後に文献リストを掲載しなければならない。読み手や聞き手は、文献リストが適切で充実しているとレポート・論文や発表の質が高いと感じる。その文献リストには、取り上げた分野で読んでおくべき本や論文が含まれていればなおよい。

　日本語の文献リストを作成する方法に決まった形式はない。とはいえ、河野(2002)や櫻井(2003)などの定評ある参考書を見れば、一定の形式がわかる(章末の引用参考文献リスト参照)。あるいは、書店で「レポートの書き方」「論文の書き方」「ライティング」「文章」「表現法」などのコーナーにぜひ行って、読みやすい参考書を手に取ってみよう。もし指導教員や先輩が勧める参考書があれば、1冊購入して手元に置いておくと心強い。

　では、実際にどのように文献リストをつくればよいだろうか。特によく利用される資料の種類に絞って文献リストの例を挙げる。

　|著書|―著者または編者名、出版年、書名、出版社名、（ページ数）。
　〈例〉　江口弘文(2010)『理工系の基礎知識―大学4年間をムダにしないために science : i BOOK』ソフトバンククリエイティブ。
　〈例〉　村井吉敬(2010)「海の東南アジア学の可能性と展望―エビやナマコの先に見えるもの―」村井吉敬編『アジア学のすすめ第2巻アジア社会・文化論』弘文堂。
　|論文|―著者名、出版年、論文名、発行組織名、雑誌名、巻数・号数、ページ数。
　〈例〉　三尾忠男(2005)「大学教員の意識調査にもとづく我が国のファカルティ・ディベロップメントのあり方に関する考察」早稲田大学教育総合研究所『早稲田教育評論』第19巻第1号、pp.137-151。

新聞記事 ―新聞名、記事名、新聞社名、発行年月日、(ページ数)。
 〈例〉 朝日新聞「中国　貧しい人を救えるのか」朝日新聞社、2005年10月14日朝刊。

　文献リストには、映像資料やインターネットでダウンロードした資料も挙げる。ウェブサイトを資料に用いる場合は、紙媒体の資料とは性質が異なることに留意し、下記のように必ず閲覧日を書き添える習慣を身につけよう。

 インターネット資料 ―著者名、サイト名(ページ名)、アドレス、閲覧日。
 〈例〉 科学技術社会論学会 http://jssts.org/ (2010年7月27日閲覧)。

　以上が最低限守るべき引用のルールである。剽窃は絶対にしてはいけない行為であることを改めて認識してほしい。そして、引用に関わる様々なルールを知り、自らの意見と他人の意見とを明確に分けることを心がけよう。そうすれば、あなたが質の高い口頭発表をし、質の高いレポートや論文を書くことができる日は近い。

5．練習問題

【課題1】
　第2章で用いた要約の課題文を用いて、直接引用と要約引用の両方を含んだ要約文を書こう。①直接引用は、重要な語句を説明するために原著者の表現に手を加えずその意図を正確に伝えるために、②要約引用は、自らの主張をサポート（あるいは批判）するために適宜用いるようにしよう。

【第2章　課題1】の解説と解答例

ここでは、第2章の練習問題への解答例をもとにして、直接引用と要約引用を両方用いた解答例を示す。【第2章　課題2】は、上記の要領であなた自身が考えてみよう。

> 「海を漂流するゴミの問題」（日本経済新聞2015年5月24日）が深刻化している。特に微細なプラスチックのゴミは、海洋の生態系に悪い影響を及ぼすことが懸念されている。回収が困難であり、魚や貝類がプランクトンと誤って取り込んでしまうからだ。魚介類や人間への影響など、詳しい調査を進めて汚染の全貌をつかむことが求められる。また、漂流ゴミの発生源となる可能性が高い近隣諸国に廃棄物対策の強化を働きかけるとともに、国内での発生減少に努めることが肝要だ（日本経済新聞2015年5月24日）。

【課題2】

以下のテーマのうち一つのテーマを選んでレポートを書くとする。適切な参考文献リストを作成してみよう。ただし、例にならって、書籍、論文、新聞、インターネット資料を必ず各1点含めなければならないこととする。

テーマ例：海の安全、捕鯨、流通革命、地球温暖化、就職活動、
　　　　　　アジア太平洋の外交、理(工)系女子、海賊　など

【課題2】解説と解答例

以下は、実際に学生が作成した参考文献リストである。この学生は、上記のテーマ例から「アジア太平洋の外交」を選んだ。しかしながらあまりに広すぎるテーマであるため、「アジア太平洋の外交とオーストラリア」に絞って考えたそうである。以下の参考文献リストの内、加筆す

べき点や修正すべき点があるかどうか考えてみよう。

【修正が必要な参考文献リストの例】

> 稲田十一 (2004)『紛争と復興支援―平和構築に向けた国際社会の対応』有斐閣.
> 上杉勇司、青井千由紀：編 (2008)『国家建設における民軍関係』国際書院.
> 神余隆博 (1995)『新国連論―国際平和のための国連と日本の役割』大阪大学出版会.
> 吉田健正 (1994)『国連平和維持活動―ミドルパワー・カナダの国際貢献』彩流社.
> 防衛省防衛研究所編『東アジア戦略概観 2008』(防衛省防衛研究所、2008 年)
> David Dickens Can East Timor be a blueprint for burden sharing? The Washington Quarterly 07 January 2010
> David Honer 、et al. 'AUSTRALIAN PEACEKEEPING-SIXTY YEARS IN THE FIELD' (CAMBRIDGE: CAMBRIDGE UNIVERSITY PRESS, 2009)
> VINCENT CHETAIL 、' POST-CONFLICT Peacebuilding :A Lexicon' (OXFORD: OXFORD UNIVERSITY PRESS, 2009)
> オーストラリア国防省 http://www.defence.gov.au/index.cfm
> 「豪州の戦略　アジアを取り込め」(朝日新聞 Globe 2010 年 4 月 5 日)

まず、最初に気づくことは形式が統一されていないことである。たとえば、出版年と出版社の書き方が統一されていない。また、日本語と英語の書き方も統一されていない。次に、英語の文献では異なったフォントを使っているだけでなく、大文字にすべきか小文字にすべき箇所に規則性がない。加えて、インターネット資料の情報が不充分である。さらに細かいことであるが、一冊一冊の終わりを示す「。」が打たれていない。

それぞれの文献等の終わりを示す「。」あるいは「.」は必ず打つこと。「、」や「,」も同様だが、大事な点は、同一論文や同一レポート内で形式を統一する点である。自らの学問分野・領域で一般的な表現方法を知り、どの方法に統一するとよいか検討しよう。

6．補章のポイントの復習

　①著作権が何かを学び、著作権侵害や剽窃を避ける
　②出所では、著者名、出版年、ページ数の３点セットを明記
　③直接引用は一字一句間違えないよう正確に書き写す
　④要約引用は原文の文意を変えないよう心がける
　⑤出所の表記方法には括弧方式と注方式の２種類ある
　⑥注には脚注と後注／文末注の２種類ある
　⑦文献リストの質は論文の質をも左右する

注

i　直接引用は「ブロック引用」と呼ばれる場合もある（佐渡島・吉野 2008）。
ii　たとえば、佐藤郁哉(2006)『フィールドワーク―書を持って街へ出よう―』新曜社、p.22。

引用参考文献

大島弥生他(2005)『ピアで学ぶ大学生の日本語表現―プロセス重視のレポート作成』ひつじ書房。
河野哲也(2002)『レポート・論文の書き方入門―第３版』慶應義塾大学出版会。
櫻井雅夫(2003)『レポート・論文の書き方 上級―改訂版』慶應義塾大学出版会。
佐渡島紗織・吉野亜矢子(2008)『これから研究を書くひとのためのガイドブック』ひつじ書房。

東洋大学福祉社会システム専攻出版委員会編 (2011)『経験と知の再構成―社会人のための社会科学系大学院のススメ―』東信堂。
日本学術振興会「科学の健全な発展のために」編集委員会 (2015)『【テキスト版】科学の健全な発展のために―誠実な科学者の心得―』www.jsps.go.jp/j-kousei/data/rinri.pdf (2016 年 8 月 24 日閲覧)。

おわりに

　本書第三版は、森下稔・久保田英助・鴨川明子編『新版 理工系学生のための日本語表現法―学士力の基礎をつくる初年次教育』(東信堂、2010年刊)を基に、文例やデータの例などの一部を一新したものである。前書に引き続き、東京海洋大学海洋工学部の一年次生対象で開設されている科目「日本語表現法」のテキストとすることを主たる目的としている。改訂のねらいは、同学部の個性を反映させた「より海らしく、より船らしい」テキストづくりである。

　以下では、本書を閉じるにあたって、2通りの読者を想定して、編者からのメッセージを記したい。ひとつめは、本書をテキストとして使う学生へのメッセージであり、ふたつめには、初年次教育のテーマに関心をお持ちの方々へのメッセージである。

(1) 理工系学生のあなたへ

　理工系学部の授業科目で、テキストとして本書を読んだあなたに、これまでの学習を振り返り、その成果を今後にどうつなげていってほしいかを伝えよう。

　本書の全体を通じて、あなたは何を感じ取ってくれたであろうか。理工系学生にとって基礎中の基礎としての日本語表現能力とは何かを考えて、私たち執筆者は本書の内容を構成した。一言で表すと、高等学校までに学んできた教科「国語」とは異なるものだということである。大学入試問題を見れば、文中には書かれていない登場人物の心情を推測させたり、文章の美しさや巧みさを読み取らせたりするものが多く見受けられる。本書は、そうした「国語」的な能力について、まったく扱っていない。理工系学生は、「行間を読ませる文章」を書いてはいけない。理

おわりに　119

工系の文章に美しさや感動、余韻は必要ない。読者が自分なりの感性で十人十色の解釈をされたのでは、逆に困るのである。理工系学生にとって最も重要なことは、読み手が正しく文意を理解できるような文章が書けることである。そのためには、正確さ、明確さ、わかりやすさが必要であり、これらが本書を用いる授業の担当教員による評価基準となる。

　本書の章立ては、理工系学生が専門教育を受けるときに備え、「日本語で」書かなければならない実験・演習などのレポートや、卒業論文の執筆を念頭に置いて構成されている。冒頭の「はじめに」で説明したとおりである。また、理工系の学部を卒業したのちに専門職業人や研究者となって、その専門的な内容を「日本語で」書く場合、またプレゼンテーションを行う場合にも、本書で培ったスキルが役立つはずである。

　では、本書による授業を半年間(15回)受ければ、理工系学生にとって必要な日本語表現能力が十分に身につくのであろうか。そうではないと執筆者は考えている。たしかに、あなたの日本語表現能力が少しは向上するであろうが、決して十分なレベルには達していないであろう。わずか15回の授業では、あなたのその時点での日本語表現能力を評価することができるにすぎない。したがって、あなたは「日本語表現法」の授業が終わったあとも、この授業で学んだことを意識しながら日本語を書き、向上させていかねばならない。単位取得に喜ぶのではなく、評価に表れている自らの日本語能力と向き合って、さらに伸ばしていくことが期待される。そこで、授業が終わったあとも、本書をすぐに手に取れるところに置いて、いつでも振り返ることができるようにしてほしい。

　本書を用いた授業での評価が、章ごとに行われたことは記憶にあるだろう。授業全体をまとめて総括的に評価されたのではない。各章の学習に続けて、あなたの日本語能力があたかも「診断」されたかのように評価されたと言ってよい。いくつかの章では、評価結果を踏まえてよりよいものに改善する作業に取り組み、力を高める機会があったであろう。そのようにして、能力を形成するための評価でもある。そこでは、あな

たの努力やまじめさは、評価基準には含まれていない。各章の提出課題の採点結果には、そのときそのときのあなたの実力が診断結果のように表れている。最終の授業で、自分の各課題の成績を並べてみて、得意な分野と改善が必要な分野を見つけてほしい。そして、得意なところをどんどん伸ばしていくようにしよう。改善が必要なら、自分で取り組んでいこう。どうすればよいのか、それぞれの章を振り返えればわかるようにしてある。上級学年での専門教育科目で、本書と同じような日本語表現上の課題に直面して困ることがないよう、普段から意識して努力しよう。

(2) 初年次教育の教材として

次に、本書を初年次教育の教材例として手に取っていただいた読者の方々に対して、本書の教材開発の背景や使用法について説明したい。

①東京海洋大学における初年次教育

東京海洋大学は、2003年10月に東京水産大学と東京商船大学を統合して設置された大学である。2004年4月に、各大学を前身とする海洋科学部、海洋工学部と海洋科学技術研究科で構成される国立大学法人東京海洋大学が設置された。東京海洋大学の「国立大学法人東京海洋大学の中期目標を達成するための計画(中期計画)」(第1期：2004―2009年度)に記載のとおり、統合および法人化の目玉のひとつとして、初年次生を対象として「海への誘い」のテーマの下に、5科目の全学共通科目(必修)が開設された。5つの科目とは、「海の科学」「船の科学」「海と生命」「海と文化」と「フレッシュマン・セミナー」(各1単位)である。加えて、基礎教育科目の1年次必修科目として「情報リテラシー」と「日本語表現法」(各2単位)が開設された。第1期中期計画では、「日本語表現法」について特別に項目が立てられており、同科目の目的は「大学での教育研究の基礎である日本語能力(ディベイト、レポート作成、プレゼンテーション能力

など)を高める」ことと明記された。本書初版は、この第1期中期計画の達成に資するため、授業時間以外の自学自習を支援しようと企画されたものであった。

　海洋科学部における「日本語表現法」は、日本語教育の専門家がリーダーシップを発揮して活発に実施されている。その教科書として大島弥生・池田玲子・大場理恵子・加納なおみ・高橋淑郎・岩田夏穂著『ピアで学ぶ大学生の日本語表現』(ひつじ書房、2005年刊)が出版され、学内外を問わず広く読まれている。

　一方、海洋工学部における「日本語表現法」は、50人から70人を1クラスとし、計3クラスに対して、半期(後学期)15回実施されている。ただし、授業担当教員が日本語教育学者ではないことや、時間割編成上、学科を単位としてクラス編成とせざるを得ないことなど、具体的な授業計画を立案する上で海洋工学部独自の工夫が必要であった。そこで、海洋科学部大島弥生准教授(当時)からアドバイスを多々受けながら、海洋工学部の担当者が協力し合って試行錯誤の末に構築されたのが本書の内容である。

　第2期中期目標(2010-15年度)では、学士課程教育について、「海洋立国における高等教育機関として、学生が豊かな人間性と幅広い視野・能力と文化的素養を修得できるように、必要な科目を明確にし、これに基づき教育プログラムを充実させる」とした。これに応じて、2学部で行われている基礎教育科目「日本語表現法」について、学習目標を「①本学学士課程における学習・研究の基礎・基盤として最低限必要な日本語表現能力を身につける、②文章作成、レポート作成、口頭発表などの授業活動を通じて、国際コミュニケーションの基礎ともなる日本語表現能力、論理的思考力、コミュニケーション能力の向上をめざす」と共通化した。達成目標についても、「①専門教育の基礎・基盤として最低限必要な日本語の文・文章・レポートを作成できるようになる、②自らの思考・学習成果を他者に伝達するためのプレゼンテーションができるようにな

る」と同様に共通化した。具体的な授業計画および教材ではそれぞれの個性を生かしながら、共通の目標に向かって全学的に取り組んできた。

　第3期中期目標(2016-21年度)においては、養成すべき人材像として、「豊かな人間性、幅広い教養、国際交流の基礎となる視野・能力と文化的素養を有し、海洋に対する高度な知識と実践する能力を有する人材」、あるいは、「実践的指導力、豊かな人間性と幅広い視野・能力と文化的素養を持ち、課題探求、問題解決能力に優れ、国際社会においても貢献できる人材」とされている。第1期のように、中期計画の中に個別の科目で扱う内容が記述されることはなくなったが、学士課程教育の達成すべき成果(アウトカム)に対して本科目が担っている役割や意義は当時から変わっていない。なお、教養・基礎教育の全学的な見直しに伴って、2017年度から「日本語表現法」は、新たに編成される「共通導入科目」の一つになることが予定されている。

②講義の内容・方法・評価

　海洋工学部における本科目の講義では、指導法としてティーム・ティーチングが採用されており、1教室に常時2名以上の教員が配置されている。海洋工学部には海事システム工学科、海洋電子機械工学科、流通情報工学科の3学科があるため、開講クラスは3クラスとし、1名の専任教員と3名の非常勤講師が担当している。1名の専任教員は主として科目全体の運営や各章の講義を、3名の非常勤講師は主として採点を担うが、一部の講義も受け持つという具合に役割が分けられている。

　本書初版を刊行したのは、「日本語表現法」の開設から3年目を終えた2007年であった。当時、3学科で講義の内容や方法を標準化する必要性が高まるとともに、学生の予習・復習を促進することの重要性も指摘されるようになったため、当時の手作り教材をもとに、教科書として刊行した。本書新版は、初版に大幅な加筆修正を施し、よりよくすることをめざしたものであった。さらに本書第三版は、第3期中期目標を参

照しながら、海洋に関する高度な知識を習得し、実践する能力を有する人材養成のアウトカムに貢献することができるよう、より海らしく、船らしい改善を企図したものである。

　改めて本書の目的を確認するならば、本書に沿って学生が一通り学習することで、概要、導入、方法、結果、考察で構成されるレポートや論文を書く方法と、口頭で成果を発表する方法とを習得することにある。

　半期(後学期)15回の講義は各90分であり、1章ごとの講義の構成は大きく分けて3つの段階からなる。第1段階として、学生は、各章別に30分程度の講義を聴講し、練習問題が課される。第2段階として、ワークシートとして用意された課題を解き、授業中あるいは授業終了時に提出する。教員は、いくつかの章では、授業中に提出された課題のうちの数名分を選択して、匿名性を維持しつつ学生全員の前で採点する。これを「採点実況」と呼んでいる。具体的には、書画カメラで撮影した答案をプロジェクターでスクリーンに投影し、学生全員が見ている前で赤ペンを用いて採点する。その他の章では、授業後に回収し、次回の講義までに非常勤講師が採点してくる。

　第3段階は、3つの段階のうち、最も力を入れて取り組んでいる段階である。この段階では、課題が学生に一旦返却される。学生自身が読み直し、改善すべきポイントに気づき、自分の返却された課題を修正し、再提出する。高等学校の国語では、教員側があらかじめ設定した模範解答に近づける方向で修正することが多かったかもしれないが、「日本語表現法」の講義においては、学生の解答を生かしつつ、教員の助言を参考にしながら学生自身が修正・改善することに重点を置いている。

　授業担当者側が持っている教育方法上でのこだわりは、個々の学生の主体的な思考・判断を促すことであり、そのために、学生の学習成果を現場で教材化することである。すべての学生が能動的にならなければ、この授業が目指す日本語表現能力は伸ばせないと考える。そのための仕掛けとして、模範的なものを押しつけるのではなく、自分自身で書いた

日本語をその場で生きた教材として、クラス全体においても、個々人においても活用していく方針をとっている。

「日本語表現法」を受講した学生に対する成績評価は、授業中に作成し提出される評価資料7点に基づく。ただし、評価資料7点のうち2点以上が未提出または不可(D)の場合は、50点がつけられる。なお、東京海洋大学の履修規則では単位修得のための合格最低点は60点である。評価資料は、原則的に5段階評価(S、A、B、C、D)で採点され、それぞれ順に、100点、90点、75点、60点、45点の評点が与えられる。ただし、前述した修正作業により10点加点される場合もある。また、評価資料が未提出あるいは不可(D)の場合、返却から3回後の授業まで再提出できる。その結果、合格水準に達した場合にはC(60点)の評価に上書きされる。評価資料7点の得点合計を7で除した商が、そのまま本科目の最終成績となる。

学生による授業評価の中には、「厳しい」「課題が多い」という声がある一方、レポートや論文の書き方の参考になり「役に立った」「緊張感があって力がついた」という感想もある。時折、日本語表現法の授業を高等学校における国語の授業と同じとみなしている学生からは、「正解を教えて」と、模範解答にしたがって採点することを望む声も聞かれる。授業方針の意図を粘り強く説得しなければならず、重い課題である。

最後に、本書第三版の出版にあたって多くの方のお力添えをいただいたことに感謝する。出版を引き受けていただいた東信堂の下田勝司氏には、刊行の辞にも記したとおり、第三版の出版にあたっても的確なアドバイスと温かい励ましをいただいた。大島弥生氏(東京海洋大学教授)には、学内の日本語教育学専門家として、授業目標の設定などに多大なご協力をいただいた。本書初版および新版で執筆者に加わっていた、高木直之氏(東京海洋大学教授)、小川史氏(横浜創英大学准教授)、鳥井康照氏(桜美林大学講師)、本柳とみ子(前神奈川県立国際言語文化アカデミア講師)、吉

田重和氏（新潟医療福祉大学准教授）には、今回の執筆者にはお名前を記していない。また、渡邊あや氏（津田塾大学准教授）には、非常勤講師として在任中に、教材開発の面で多大な貢献をいただいた。課題のシートに「改善ポイント」のスペースを設定することを提案したのも渡邊氏である。いずれの方も貢献が大であったことを、この場を借りて感謝したい。

　また、海洋工学部で専門科目を担当する教授陣には、第4章の課題を毎年出題していただいているが、その出題の中から南清和氏（東京海洋大学教授）と志摩政幸氏（東京海洋大学名誉教授）には、本書へのデータの掲載を特別にお許しいただいた。貴重な研究成果を快くご提供いただいたのは、ひとえに海洋工学部学生の役に立つと信じられたとのことである。そのお気持ちに感謝したい。

　そして、2015年度までに「日本語表現法」を履修した学生のみなさんに感謝する。本書は、授業でのみなさんとわれわれ執筆者とのやりとりの中から生み出されたものである。みなさんの学びの軌跡が、後に続く後輩たちを導いてくれている。

　2016年　夏

編集代表　森下　　稔
編　　者　大岡紀理子
　　　　　谷口　利律
　　　　　鴨川　明子

【著者略歴】

生天目　知美（なばため　ともみ）

　　1974 年生まれ。2008 年筑波大学博士課程人文社会科学研究科文芸・言語専攻修了（言語学博士）。現在、東京海洋大学海洋工学部准教授。専攻：言語学（語用論）、終助詞、ポライトネス研究。

古阪　肇（ふるさか　はじめ）

　　1978 年生まれ。2013 年早稲田大学大学院教育学研究科博士後期課程単位取得満期退学。現在、千葉大学大学院医学研究院特任助教。専攻：比較教育学、イギリス教育研究、パブリック・スクール研究。

久保田　英助（くぼた　えいすけ）

　　1975 年生まれ。2006 年早稲田大学大学院教育学研究科博士後期課程単位取得満期退学。博士（教育学）。現在、愛知みずほ大学人間科学部講師。専攻：日本教育史。

【編者略歴】

森下　稔（もりした　みのる）※編集代表
1967年生まれ。1997年、九州大学大学院教育学研究科博士課程単位取得後退学
現在、東京海洋大学学術研究院教授。
専攻、比較教育学、タイ教育研究。
主要著作：山田肖子・森下稔編著『比較教育学の地平を拓く－多様な学問観と知の共働－』（共編著、東信堂、2013年）。杉本均編著『トランスナショナル高等教育の国際比較－留学概念の転換』（共著、東信堂、2014年）。ほか。

大岡　紀理子（おおおか　きりこ）
1974年生まれ。2013年早稲田大学大学院教育学研究科博士後期課程単位取得満期退学。
現在、早稲田大学非常勤講師。
専攻、日本教育史、幼児教育。
主要著作：湯川次義編著『よくわかる教育の基礎』（共著、学文社、2012年）。湯川次義編著『新編よくわかる教育の基礎』（共著、学文社、2016年）。ほか。

谷口　利律（たにぐち　りつ）
1977年生まれ。2011年早稲田大学大学院教育学研究科博士後期課程単位取得満期退学。
現在、東京海洋大学非常勤講師。
専攻、比較教育学、西アフリカ教育史研究。
主要著作：長島啓記編『基礎から学ぶ比較教育学』（共著、学文社、2014年）。「仏領西アフリカにおける学校教育の導入と言語教育政策の展開－植民地期教育改革に関する教育関連法をてがかりとして－」『日仏教育学会年報』第16号（単著、日仏教育学会、2010年）。ほか。

鴨川　明子（かもがわ　あきこ）
1974年生まれ。2007年早稲田大学大学院教育学研究科にて博士（教育学）。
現在、山梨大学大学院総合研究部教育学域（教職大学院）准教授。
専攻、比較教育学、マレーシア教育研究、ジェンダー論。
主要著作：『マレーシア青年期女性の進路形成』（単著、東信堂、2008年）。『アジア地域統合講座テキストブック　アジアを学ぶ―海外調査研究の手法―』（単編著、勁草書房、2011年）。ほか。

第三版　理工系学生のための日本語表現法──アウトカム達成のための初年次教育

2007年10月10日	初　版　第1刷発行	〔検印省略〕
2010年10月 1日	新　版　第1刷発行	＊定価はカバーに表示してあります
2016年10月 1日	第三版　第1刷発行	

編集代表©森下稔　発行者 下田勝司　　　　　　　印刷・製本／中央精版印刷

東京都文京区向丘1-20-6　郵便振替00110-6-37828
〒113-0023　TEL(03)3818-5521　FAX(03)3818-5514
　　　　　　　　　発行所　株式会社　東信堂

Published by TOSHINDO PUBLISHING CO., LTD
1-20-6, Mukougaoka, Bunkyo-ku, Tokyo, 113-0023, Japan
http://www.toshindo-pub.com/　E-mail：tk203444@fsinet.or.jp

ISBN 978-4-7989-1386-5　C3037　　©Minoru Morishita

第2章 要約文を書く課題

日本語表現法：第　　回
20　　年　　月　　日（　）

学籍番号　　　　　　　氏名　　　　　　　　　評価　　S　A　B　C　D

課題：新聞の社説を200字に要約してください。

【要約（200字）】

【改善ポイント】

第3章　手順の説明文を書く課題

20　年　月　日（　）
日本語表現法：第　回

学籍番号　　　　　　　氏名

評価　　S　A　B　C　D

課題：

【手順の説明】　　　　　　　　　【改善ポイント】

1. _____

2. _____

3. _____

4. _____

5. _____

6. _____

【手順・方法説明】　　　　　　　【改善ポイント】

7. _____

8. _____

9. _____

10. _____

11. _____

12. _____

13. _____

第5章 主張文を書く課題

20　　年　　月　　日　（　）
日本語表現法：第　　回

学籍番号　　　　　氏名　　　　　　　評価　　S　A　B　C　D

課題：配布される文章を読んで、主張する文章を200字で書きなさい。

【主張（200字）】

【改善ポイント】

日本語表現法 第 　 回　プレゼンテーション練習グループワークシート　　　　　　　教室　グループ　　　　　ボーナス点　　　　

①名前　　　　　　　　　　　学籍No.　　　　
仮タイトル　　　　　　　　

②名前　　　　　　　　　　　学籍No.　　　　
仮タイトル　　　　　　　　

③名前　　　　　　　　　　　学籍No.　　　　
仮タイトル　　　　　　　　

④名前　　　　　　　　　　　学籍No.　　　　
仮タイトル　　　　　　　　

⑤名前　　　　　　　　　　　学籍No.　　　　
仮タイトル　　　　　　　　

⑥名前　　　　　　　　　　　学籍No.　　　　
仮タイトル　　　　　　　　

⑦名前　　　　　　　　　　　学籍No.　　　　
仮タイトル　　　　　　　　

⑧名前　　　　　　　　　　　学籍No.　　　　
仮タイトル　　　　　　　　

⑨名前　　　　　　　　　　　学籍No.　　　　
仮タイトル